Dieter Loboda

Gestalt

Dieter Loboda

Gestalt

Die klugen Auswege bei Krisen!

Trainerverlag

Imprint

Any brand names and product names mentioned in this book are subject to trademark, brand or patent protection and are trademarks or registered trademarks of their respective holders. The use of brand names, product names, common names, trade names, product descriptions etc. even without a particular marking in this work is in no way to be construed to mean that such names may be regarded as unrestricted in respect of trademark and brand protection legislation and could thus be used by anyone.

Cover image: www.ingimage.com

Publisher:
Der Trainerverlag
is a trademark of
International Book Market Service Ltd., member of OmniScriptum Publishing Group
17 Meldrum Street, Beau Bassin 71504, Mauritius

Printed at: see last page
ISBN: 978-620-0-76794-3

Gestalt

Die klugen Auswege bei Krisen!

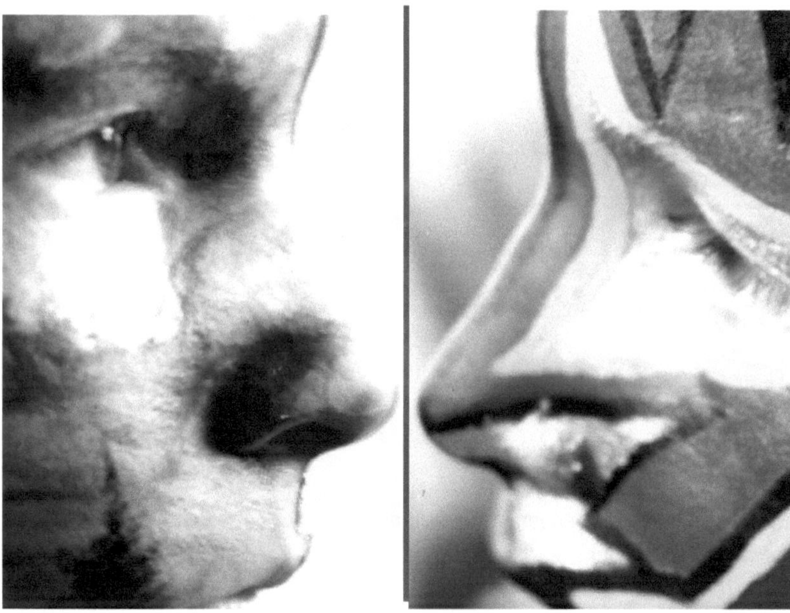

Beratung-Coaching-Therapie mit Bild unterstützenden Anregungen

Dieter Loboda, Counselor grad.
Päd. Psychotherapeut, fr. Med. Journalist, Dozent, Buchautor

Impressum

Dieter Loboda
Päd. Psychotherapeut, Counselor grad.,
Buchautor, fr. Med Journalist
Im Flürchen 13, 56112 Lahnstein
Tel: 02621 62186
Erste Auflage Einzelblattsammlung

Fotos, Grafiken, Nachbildungen in eig. Anfertigung
Cover in Selbstgestaltung
ISBN: 978-620-0-76794-3
Trainer Verlag

Gestalt

Die klugen Auswege bei Krisen

Fibel zu Beratung, Coaching, Therapie
mit Bild unterstützenden Anregungen

Resilienz ist die biografisch mehrfach erlebte Selbstwirksamkeit

Inhaltsangabe

Inspirationen zur Lebensbewältigung

Man kann nicht zwei Melonen in einer Hand tragen > Ein Kamel geht langsam, aber dafür Tag und Nacht > Jeder ist klug, der eine vorher, der andere nachher > Armut macht Menschen, Reichtum macht Monster > Geduld bringt Rosen, Ungeduld bringt Neurosen > Läuse und Wanzen gehören auch zum Ganzen > Es ist nie zu spät für eine glückliche Kindheit > Bevor ein Kind Probleme macht, hatte es welche > Intelligent denkt, wer sich nicht auf die Logik verlässt > Wenn ich täte, was ich spreche, stürbe ich als Heiliger > Die Wissenschaft ist stets der aktuelle Stand des Irrtums > Manche tun was sie können, die anderen können was sie tun > Besser den Tagen mehr Leben, als dem Leben mehr Tage geben > Wenn du in deinem Leben einmal wirklich eine helfende Hand benötigst, suche sie vor allem am Ende deines eigenen Armes > Man kann Probleme nicht mit Methoden lösen, durch die sie entstanden sind > Diamanten und Menschen lernt man kennen, wenn man sie aus der Fassung bringt > Pädagogik ist vorweg erbrachte Therapie > Therapie ist nachgeholte Pädagogik > Wir brauchen in unserer heutigen Zeit dringend Ethik, statt Religionen > Wer nach außen schaut, träumt; Wer nach innen blickt erwacht > Um ein Kind zu erziehen, brauchen wir dafür ein ganzes Dorf > Ein Banküberfall ist nichts gegen die Gründung einer Bank > Ein Freund ist, wer dir deine Lebensmelodie vorspielt, wenn du sie selbst schon längst vergessen hast. > Wenn du es eilig hast, dann gehe langsam > Alles wirkliche Leben ist Begegnung > Wenn eine Organisation entwickelt werden soll, muss die Entwicklung organisiert werden. > Um ein vollwertiges Mitglied einer Schafherde zu sein, muss man vor allem ein gutes Schaf sein.> Ich bin, was ist bin und das ist alles was ich bin. > Eines Tages klopfte die Angst an die Wohnungstür. > Der Mut ging und öffnete, aber niemand stand draußen > Liebe bedeutet nicht sich ununterbrochen anzusehen, sondern gemeinsam in die gleiche Richtung zu schauen. > Man kann nicht ausbrennen (Burn Out), wenn man zuvor nicht in Flammen stand. > Gesegnet sei der, der seinen Kindern Wurzel und Flügel gibt > Wer nur einen Hammer kennt, für den ist jedes Problem ein Nagel. > Wem das Wasser bis zum Hals steht, darf nicht auch noch in die Knie gehen. > Man muss auch mal vom Weg abkommen, um nicht auf der Strecke zu bleiben.

Paradoxe Gesellschaft

Wir treffen mit unserer Geldwerthaltung ständig falsche Entscheidungen, streben nach Sicherheit, die wir wahrscheinlich nie erreichen werden, wir opfern Freiheit und Selbstbestimmung für höheres Einkommen und kaufen Dinge, die wir nicht brauchen, um Leute zu beeindrucken, die wir nicht mögen, mit Geld, dass wir nicht haben.
(Dr. David Precht, Philosoph, Fachjournalist, Bestseller Buchautor)

Das Geschehen während der Entstehung dieses Buches

Ausgangssperre, menschenleere Straßen, gespenstisch, ein Spuk. Firmen und Schulen geschlossen. Hamsterkäufe. Grenzen abgeriegelt. Ein Coronavirus beherrscht die Welt. Am Ende März 2020 gibt es 80 641 Infizierte, bi 80 Millionen Bürgern eine Quote von 0. 1 %. Das rechtfertigt nur deshalb eine Pandemie, weil die WHO den Begriff „schwerste Erkrankungen“ aus der Definition „neuer Virustyp und weltweite Ausbreitung“, gestrichen hat. Coronaviren hat es immer gegeben, aber es wurde nur auf Influenza getestet. Wir setzen die Grundrechte außer Kraft und sprechen ganz normal von Verstaatlichung großer Unternehmen. Schuldenbremse ausgesetzt! Handydaten sollen mit Bewegungsprotokollen gespeichert werden! Besuchsverbote für Klinik uns Altenheime. Tatsache ist. Menschen sterben mit Corona, nicht an Corona. Die Angst davor, durch falsche Kommunikation begünstigt, macht die Menschen krank, so nennt es Prof. Dr. Hackertz. - Prof. Lemke erklärt als Psychiater und Psychotherapeut, dass Isolation einsam und krank macht. Die Alternative Blutplasma auszutauschen, um Antikörper zu übertragen, wird vernachlässigt. (Dr. Herscu USA) Die WHO nennt Masken wirkungslos; Minister Spahn will sie. Zudem ist verbreift, dass Angst unser Immunsystem schwächt. Die Presse manipuliert stündlich eine Informationspandemie mit vorwiegend dramatisierenden Berichten über Todesraten. Ohne Vorerkrankung ist noch niemand an Corona verstorben. (Prof. Püschel.) Isolation, Einsamkeit, Häusliche Gewalt; Suizid werden zunehmen. Maßnahmen der Regierung sind verfassungswidrig. *(Bahner Fachanwalt Heidelberg, Grundrechte, Berufsausübung, Reisefreiheit, etc.*) Hoffnung!

Was für unsere Resilienz *(Steh auf Mentalität)* förderlich ist

Tanzen, Singen, Modellieren, Meditieren, Malen sind Aktivitäten, bei denen man nicht grübeln kann. Das stille, regelmäßige, länger andauernde, langsame und achtsame Begehen des Waldes mit Berührung der Pflanzen und Bäume fördert den Sauerstoff, reguliert den Blutdruck, harmonisiert die Herzfrequenz und stimuliert das Immunsystem. Sinnvoll ist ein Traumtagebuch, um unbewusste Botschaften zu nutzen, weil Träume autonom unsere Psycho regulieren. Außerdem jeden Morgen eine Seite die aktuellen Gedanken aufschreiben. Eine Maßnahme zur Psychohygiene, wie das Musizieren. Es gibt genügend positive Vorbilder der Geschichte und in unseren Märchen, wir müssen sie nur beachten und würdigen.

Vorwort, bevor das Buch für sie beginnt

Wir sind hier, weil es letztlich kein Entrinnen vor uns selbst gibt. Solange der Mensch sich nicht selbst in den Augen und Herzen seiner Mitmenschen begegnet, ist er auf der Flucht. Solange er nicht zulässt, dass Mitmenschen an seinem Innersten teilhaben, gibt es für ihn keine Geborgenheit. Solange er sich fürchtet, durchschaut zu werden, kann er weder sich selbst, noch andere erkennen; er wird allein sein. *(R. Beauvais)*

Im Buch sind Anregungen beschrieben, bei denen man keine Diagnose benötigt. Man muss also nicht krank sein, um zu handeln. Möglichkeiten im Prozess des Lebens# autonom und selbst zu bleiben.

Menschen lernen, wenn Emotionen beteiligt sind. Dann feuern die Neuronen gemeinsam. Bedeutet, wenn Gefühle mitbeteiligt sind, werden Informationen gespeichert. Beispiel: Wenn man am Joy Stic Auto fährt sind nur wenige Hirnareale angesprochen. Falls man als Beifahrer bei einem Autorennen auf dem Nürburgring dabei sitzt, ist das gesamte Gehirn beteiligt. (Schweißausbrüche, Schwindel, Ängste)

Warum Malen besser ist

Bilder prägen durch Form und Farbe - Bilder werden „multi – codiert“ abgespeichert Bilder bringen Unbewusstes an die Oberfläche - Bilder kann man erweitern, ergänzen, nicht löschen - Bilder ermöglichen Nähe, Distanz und Prozess - Bilder helfen Projektionen zu vermeiden - Bilder sind authentisch, evident und integrativ - Bilder nutzten die Energie der Symbolik - Bilder sind effizient und effektiv im Rapport - Bilder beteiligen all unsere Sinneskanäle - Bilder sind evident und authentisch - Bilder sind wie optisch visuelle Protokolle - Bilder & Spiegelneurone = Rapport & Empathie - Bilder ermöglichen oft eine erste Unterschiedsbildung in der Wahrnehmung.
Es gibt keine Einwände gegen Malen. Es sei denn, jemand kann oder will nicht.
(Prof. Benedetti, Präsident der Gesellschaftfür Kunsttherapie

Zum Buchcover

Am besten beginnt an mit dem Anfang, so begann Arthur Schoppenhauer zu sprechen.

Bei mir ist ein Anfang auf dem Buchcover zu sehen. Es ist der 2. September 1977.
Ich denke an Varikino, dem idyllischen und noch friedlichen Ort in Russland aus Dr. Schiwago. Der Ort an dem eine große Liebe beginnen sollte. Wir saßen verliebt im Film und der Name von unserem Sohn sollte Nicolai heißen. An diesem zweiten September hab ich meine zweijährige Tochter Julia im Kindersitz mitgenommen. Die Schwägerin Gerry, eine Holländerin hatte den Brudermeier Frau Elisabeth geheiratet. Sie hatte versprochen unser Töchterchen zu verwahren, wenn ich zur Geburt in die Klinik fahren musste. Auf der Fahrt kommen Gedanken eines glücklichen Tages in mir hoch. Auf dem Weg nach Hause winken mir Nachbarn zu und lachen, auch andere Fußgänger. In bin verwundert und als ich im Haus in den Spiegel schaue, sehe ich warum. Ich hatte die grüne Kappe aus dem Kreissaal noch auf dem Kopf. Julia war geboren, ein tolles Erlebnis. So sollte es eigentlich ein zweites Mal sein mit Nicolai.
So hielt ich vor dem Haus der Schwägerin an und Julia an der Hand. Nach dem Klingeln geschah nichts. Auf das Klopfen hin auch nicht. Hinten ums Haus herum alles zu. Ein Nachbarin rief: „Die sind nach Köln gefahren." Wie konnte das sein? Wir hatten verabredet, dass Julia verwahrt werden sollte. Was blieb mir übrig? Ab nach Hause, das Kind für die Acht vorbereiten füttern, trösten und ins Bett, Geschichte vorlesen, ungeduldig ein wenig nervös und ärgerlich. Als sie endlich schlief, ein Anruf aus der Klinik" „ Ihr Sohn ist geboren". Pech, vorbei, ich war bei der Geburt nicht mit.
Warum das Buchcover? Nicolai war bis zu dem Ereignis für mich anstrengend. Zappelig, unruhig, zuweilen eilig in allem. Beim rennen auf den Heizkörper geknallt. Klinik zum Nähen an der Stirn. Keine Nacht blieb er in seinem Bett, auch nicht angeschnallt. Die Stäbe des Kinderbettes hatte er schnell herausgenommen. Seine Mutter und ichbrauchten zu der Zeit unsere Kräfte. Julia hatte Keuchhusten und bis zu 60 Betttücher mussten gewaschen werden. Ständige Schlafunterbrechung in der Nacht.
Tage danach im Garten beim Rennen hinter der Schaukel knallt das Gestänge mit Nico, so nennen wir ihn liebevoll, an den Kopf. Klinikbesuch. Irgendwann trinkt er ein Medikament, Klinik. Anlässlich der Kommunion mit dem Rad in hohem Tempo auf ein Parkendes Auto vor der Tür. Eine dick geschwollene Oberlippe, die heftig blutete. Zu dem Zeitpunkt habe ich eher seine Unruhe wahrgenommen, als seine emotionale Intelligenz, seine Lebensfreude und Lebenslust seine Spontanität. Dann anlässlich eines Ferienaufenthaltes in der Kautzenburg, oder war es im Odenwald, eine Zeit der Besinnung. Wanderungen, Singen, Spielen und die Abendstille für die Eltern allein – die Kinder wurde derweil behütet. Dann die Anleitung zu einer meditativen Stille am Boden liegend, zuerst die Kinder, dass der Elternteil. Ruhe kehrte ein, sanfte Musik, vorbereitete Vaseline und Farben, Pinsel und Handtuch.

Dann die Anleitung ein passendes Thema zu ersinnen und „sein“ Kind zu bemalen. Das erste Mal lag Nicolai still, wartete geduldig, atmete gleichmäßig und bewegte sich nicht. Eine besinnliche gemeinsame Zeit, in der gelang es einerseits seine lebendige dynamische Seite seines Gesichtes zu bemalen, anderseits seine sanfte Seite in Form einer Landschaft zu erspüren du intuitiv zu malen. Meine erste Erfahrung mit Gestalt. Mit Worten, Ermahnungen mit Lob und Tadel war mir der Zugang zu Nicolai nicht möglich gewesen. Seitdem ist es gelungen. Jahre später auf dem Tennisplatz die Erkenntnis, dass ich zu einer Lebensversicherung gegangen war, die Ochsentour vom nebenberuflichen Verkäufer zum Inspektor zum Subdirektor und Filialdirektor absolviert hatte, bemerkte ich, dass ich trotz gutem Einkommen, Freizeit tagsüber, eine gute Mannschaft mit fleißigen Kundenbesuchen, nicht zufrieden und glücklich sein konnte. Ich wollte unbewusst mein Leben versichern, weil eine Mutter bei meiner Geburt verstorben war. Eine unbewusste Berufswahl drängte plötzlich als Erkenntnis in den Vordergrund.

Eine Ermutigung für Jedermann

Empfehlung zur Homöopathie in Indien. Prof. dr. Pradeep Kumar, Chefarzt einer Klinik mit Regierungsauftrag. Homöopathie ist schneller als andere Therapien. Wir nehmen nur ein Mittel zur gleichen Zeit, warten zwei Stunden, verändern nur die Potent und warten zwei Stunden. Dann wechseln wir das Medikament.

Wir können Tumore heilen, Diabetes, Nierenversagen, Corona u. v. a. IN de Klinik können alle Menschen kommen. Es kostet 2 Dollar pro Tag. In Facebook gebe ich auf die dort gestellten Fragen stets ne erste kostenfreie Antwort.

Wir behandeln nur nach den vom Patienten geschilderten Symptomen – nicht nach der Diagnose.

Herzlich willkommen in unserer Klinik.

Biographisches über den Autor

Es ist im Oktober 1984, ich erhalte die Urkunde zur Graduierung als Counselor in Humanistischer Psychologie. (Transaktionsanalyse, Gestalt, NLP, TZI). Ich hatte ein Handwerk erlernt, war Zugführer bei der Bundeswehr und Direktor in einem Versicherungskonzern und hatte sieben Jahre Fortbildung abgeschlossen. Anschließend gab es noch Weiterbildungen in Traumanalyse und Hypnotherapie.

Pädagogischer Psychotherapeut grad, , so steht es in der Urkunde.

Warum ich so glücklich über die Urkunde war? - Heute, mit 75 Jahren in 2020, erkenne ich es. Die Ermutigung durch Freunde, vertraute Personen, Chefs, Lehrer und Trainer waren es, die mich eine Kraft spüren ließ, die mir, jedenfalls während der entscheidenden Prozesse unbewusst geblieben war.

Zunächst der Reihe nach.

Im letzten Kriegsjahr 1945 im Februar stirbt meine Mutter. Sie ist 29 und das Heilmittel der Amerikaner (Antibiotika) kommt einige Tage zu spät, um ihre TBC zu heilen. Ich kenne meine Mutter nur aus wenigen ungenauen Erzählungen. Verwandte nehmen mich auf und erleichtern meinem Vater, wenn er Züge nach Stalingrad fährt, sein Leben mit meinem älteren Bruder, der zu dem Zeitpunkt fünfjährig ist.

Also lebe ich in dem Glauben meine Pflegepersonen seien meine Eltern und alles schien ganz normal. Volksschule, Gymnasium, Aufwaschen in Kleingartensiedlung mit Hühneraufzucht, Kartoffel- und Gemüseernte . Der Onkel, liebevoll mit den kleinen Küken auf dem Küchentisch, die unter einer Infrarotlampe schlüpfen und mich gefühlsmäßig anrühren. Ich bin ein Zappelphillipp, so sagen die „großen Leute“ zu mir, kann nicht stillsitzen, bin unruhig. Heute hätte ich eine ADHS Diagnose. Damals wurde ich ruhiger vor einem Aquarium mit Zierfischen und einer Begegnung, die ich niemals vergessen habe. Die Begegnung mit dem Rotkehlchen, einem scheuen, zarten und flinken wilden Singvogel.

In der damals üblichen Wohnküche der Gebäude des Eisenbahnbauvereins gab es unterhalb des Fensters nach hinten zum Hof mit Hühnerstall, einen eingebauten Kasten für die großen Töpfe und Pfannen, den Einweckkessel. So ergab sich eine recht große Arbeitsfläche, größer als die normale Fensterbank sie hätte ermöglicht. Außen unterhalb des Fensters steckte eine Fahnenstange, die zur Beflaggung am Himmelsfahrtstag genutzt wurde.

Es ist ein Wintertag und die Fahnenstange ist grau weis gefroren. Es sind ca. 6 Grad minus. In den nicht geheizten Zimmern sind manchmal Eisblumen zu sehen. Der Kohleofen mit den Eisenringen bringt die Wärme mit dem langen silbernen Ofenrohr in die Wohnküche. Von draußen hören wir das typische freche Pipen des Rotkehlchen, das mit jedem Ton mit seinem Körper zu wippen beginnt. Die ersten Male renne ich ungeduldig zum Fenster und ehe ich mich versehe, fliegt es davon. Enttäuscht muss ich wieder am Tisch still sitzen....Das Rotkehlchen bleibt aber nicht weg, sondern kommt regelmäßig zurück auf die Fahnenstande – wippt.

Da haben die Pflegeeltern eine grandiose Idee. Sie verpflichten mich zum absoluten Stillsitzen, zum Beobachten und zur Ausdauer. Bei jeder Begegnung würde der scheue Vogel davonfliegen. Das aber, machte mich jedes Mal traurig. Also, wir streuen Haferflocken auf die Fensterbank draußen, legen eine Spur auf die Innenseite der Fensterbank, dann auf einen Stuhl und zuletzt bis auf den Küchentisch. Dazu eine Untertasse mit Wasser. Jetzt heißt es warten. Eine große Herausforderung für mich. Ich bin vielleicht 9 Jahre alt, bin lieber draußen und im Garten, auf Bäumen und im Hühnerstall, auch wenn es verboten ist. Besonders der Wipproller hat es mir angetan, da kommt ganz schön Tempo drauf....

Ich sitze und warte. Viele Versuche brechen ab weil wir nicht schaffen still genug sitzen zu leiben. Dann, eines Tages, das Rotkehlchen hüpft, nach Haferflocken pickend, über die Fahnenstange auf die Fensterbank, über den eingebauten Schank für die großen Töpfe, auf den Stuhl und dann auf den Tisch. Immer wachsam, mit dem Schwanz wippend, bis zur Untertasse. Niemand hat mir bis heute diese Geschichte geglaubt.

Es kam mir wie ein Wunder vor, das ein freier Vogel auf dem Küchentisch in einer Untertasse ein Bad nimmt und sein Gefieder putzt. Seitdem konnte ich auch mal still sitzen, wenn nötig.

Auch draußen im Garten hatte der Pflegvater, den ich Onkel Jupp nannte, stets eine Idee, mich zu bändigen. Wenn ich also durch den Garten sprang, manchmal eben auch in die gerade gelegte Samenspur, wusste er stets genau die Stelle, an der er ein abgebrochenes Kuhhorn vergraben hatte. Mit Spaten oder Forke stach er in den Boden und warf im hohen Bogen das Kuhhorn in die Luft. Das machte mir soviel Angst, dass ich von dem Moment an jedenfalls für diesen Tag recht artig zu spielen wusste. Spargel stechen, Weintrauben pflücken, Hühner füttern, war jedenfalls immer eine Anerkennung und mit dem Lob von frischen Himbeeren oder Ähnlichem verbunden, wie beim Backen helfen und die Kuchenform auslecken. mmmmmhhhh.

Die jährlich wiederkehrenden Tage auf dem Bauernhof, jeweils zur Haupterntezeit, kommen mir in den Sinn. Ich darf die Brote, den heißen Kaffee und die Äpfel allein aufs Feld tragen, um die Knechte und dem Bauern die Pausenzeit zu ermöglichen. Ich erinnere noch gut, wie die Männer schwitzend die Kornähren zusammenbanden und mit hohem Schwung auf den Leiterwagen geworfen haben.

Die Pause kann ihnen stets recht. Manchmal saßen sie gemeinsam auf den Strohballen immer erst nach Trocknung Fuder weise eingeholt wurden. Eines Tages, die Zeit mit den schweren belgischen Kaltblütern, zwei an der Zahl, Max und Lido, die die beladenen Fuder zum Entladen in die Tenne zogen, war vorbei und mit ganzem Stolz gab es den ersten mit Diesel betriebenen Trecker von Hanomag.

Jetzt war es leichter anzuhalten anzufahren, schneller als mit Pferden, vor allem, wenn es nach rückwärts musste. Einmal hatte ich nach langem Drängeln die Erlaubnis den Trecker jeweils etwa die Wagenlänge des Leiterwagens nach vorn zu fahren. Zunächst klappt es nicht, meine Beine waren zu kurz, um das Kupplungspedal zu treffen. So wurde der Sitz nach vorn verstellt und ich war der Kapitän auf dem Trecker, auch wenn der Bauer auf dem Sitz des Seitenrades aufmerksam über mich wachte. Ich fühlte mich stark, wie einer der richtigen Männer, die ihren Beruf bei der Ernte ausübten. Sich von den Pferden zu verabschieden, war für mich das Schwerste. Ich konnte und wollte mir nicht vorstellen, was mit ihnen geschehen würde. Es schien nötig.....

Es war zu jedem Ferienbeginn ein Erlebnis auf den Hof zu kommen. Struppie, ein unscheinbarer mittelgroßer zerzauster Hund, bellte wachsam bei jedem, der den Fuß auch nur eine Ferse breit auf das Hofgelände setzte. Aber wenn wir kamen, blieb er still. Wir gehörten dazu. Das machte mich stolz, weil er mich offensichtlich kannte. Dieser Hund Struppie, der mich zu jeden Sommerferien wieder erkannte, war ein Streuner, so erzählten die Erwachsenen am Abendbrottisch, wenn er mal wieder auf und davon war. Sie waren in Sorge, weil wildernde Hunde einfach erschossen wurden, so war es Sitte.

Eines Morgens fand man Struppie blutig verletzt vor der Haustür liegend. Der Bauer, Josef Henderkes, besah sich den Hund, schüttelte den Kopf und erklärte, dass er nicht mehr zur retten sei. Eine Schusswunde war seine Diagnose. Er legte den Hund auf die Seite vor der Haustür. So begann ich im hinteren Apfelhof an einer ausgewählten Stelle ein Grab auszuheben. Mein Struppie sollt würdig beerdigt werden. Natürlich hatte ich auch ein hölzernes Grabkreuz bemalt. Ich legte ihn also hinein und bedeckte den kleinen Hügel mit flachen Steinen, von denen es um das Haus herum jede Menge gab. Die Tanten und Schwestern des Bauern trauerten mit mir und versuchten mich zu trösten. Die Nacht war ich unruhig und am frühen Morgen, als noch alle schliefen, in der ersten Morgendämmerung, schlich ich mich aus dem Haus, um nach dem Grab zu sehen. Ich erinnere nur noch, dass ich erschrocken zurück ins Haus gelaufen bin und durch mein Geschrei die Erwachsenen erwacht waren.

Jedenfalls habe ich nie wieder so ungläubige und staunende Gesichter gesehen, wie an diesem Morgen. Jedenfalls, das Grab war leer und der Hund verschwunden. Alle waren ratlos, bis zwei Tage später Struppie jaulend, noch immer ein wenig blutig, vor der Tür saß. Die Wunde heilte aus und im kommenden Jahr begrüße er mich wie immer, als sei nichts geschehen.

Mitten hinein, in das naturbezogene Heranwachsen stirbt plötzlich der Erziehungsvater. Ich darf nicht mit zum Friedhof, weil man meint ich könnte es nicht verkraften. Aber gerade das, was für mich schlimm. Abschiede sind die tiefsten Momente in Beziehungen, weiß man heute. So vergeht einige Zeit, bis die alte Dame, die mich dann allein hätte weiter erziehen müssen, überfordert war und mit meinem Vater, den ich bisher nicht kannte, verabredete, mich in Urlaub einzuladen. Ich sollte meine Geschwister kennen lernen. Das klang zunächst und machte mich neugierig. Düsseldorf, eine Großstadt schien verlockend, gegen den stillen Ort Duisburg Wedau, nahe der Ruderregatta. Die Ernüchterung kam nach den ersten Wochen. Ich wollte zurück, dahin wo ich alles kannte, in das Gymnasium, zu den Tieren, nicht im fünften Stock der Großstadt, ohne Bäume. So wurde mir erklärt, dass ich für immer bleiben sollte, eine Rückkehr sei ausgeschlossen. Das war die Vereinbarung der Erwachsenen, die ich nicht kannte.

Ein Schock, Lernverweigerung, Abgang vom Gymnasium, zurück auf die Volksschule, das nötige Teilen der Apfelsine durch vier Kinder, war mir unerklärlich als Einzelkind. Ich lebte weiter im Schock eines Vertrauensverlustes durch die Hauptpersonen, die mich mit dem Rotkehlchen zur Ruhe und Stille ermutigt hatten. In diesem Zusammenhang kann ich heute rückblickend verstehen, wie ich damals zur Erkenntnis kam eine entsprechende Ausbildung zu beginnen. Ich stand mal wieder auf dem Tennisplatz, die Mitarbeiter waren im Einsatz, der Umsatz war gut, das Einkommen großzügig. Ich spielte mit den Frauen, deren Männer im Beruf standen. Im auslösenden Kontakt zur Fortbildung erkannte ich, dass ich zu einer Lebensversicherung gegangen war, um mein Leben zu versichern. Etwa 40 Jahre war ich zu dem Zeitpunkt. Ein heimlicher, unbewusster Entscheidungsprozess, der mir deutlich wurde. Es konnte also so nicht weitergehen. Noch 25 Jahre Arbeit im Vertrieb einer Versicherung. Nein!

Ich bin verheiratet, habe drei Kinder und sechs Enkel. Meine Hobbys sind Tanzen, Bergwandern und Modellieren. Im Ehrenamt stehe ich in Ausbildung zum Clown Doktor (kranke Kinder in Kliniken) beim Paritätischen Wohlfahrtsverband.

Heute bin ich tätig als Berater, Dozent und Coach in Berufsverbänden, Akademien, Verwaltungen und Unternehmen. Ich schreibe als freier Medical Journalist Artikel für psychologische, naturheilkundliche und medizinische Magazine. Habe in mehr als siebzig Unternehmen gearbeitet. Habe im Rhein Lahn Kreis die Unternehmerschule geleitet. Nebenberuflich helfe ich zurzeit beim Projekt des Bundesbildungsministeriums mit bei der Integration von Migranten im Handwerk. Besonders die prägenden Momente eines Lebens sind geeignet, um daraus Kraft zu schöpfen und Impulse des Unbewussten zu nutzen. In den Kontakten mit Klienten und Menschengruppen zeigen sich die Resilienzkräfte, die der individuellen Biographie verankert sind. Darauf gilt es zu vertrauen, statt auf die Informationsüberflutung, Konsum und Werbung zu achten.

Methodenauswahl

Weltweit gibt es zurzeit etwa fünfhundert Therapiemethoden. Wer soll die können. Zugleich ist bekannt, dass es auf die Qualität der Beziehung ankommt und ob ein Rapport zum Gegenüber aufgebaut werden kann. Dr. Alfred Adler nennt es Erlaubnis und Ermutigung, um zufrieden zum Ziel einer Beratung zu kommen. Ruth Cohn beschreibt es mit der Reflexion eigener Verantwortung, weil man dafür gerade stehen muss, für was man tut und für was man unterlässt. C. G. Jung sagt wer nach außen schaut träumt, wer nach innenblickt, erwacht.

Also die für mich wichtigsten Therapien sollen hier kurz benannt werden. Ich habe sie erlebt, davon gehört, darüber gelesen und zum Teil ausprobieren können.

- **Psychoanalyse**
- **Transaktionsanalyse**
- **Hypnotherapie**
- **TZI, Themenzentrierte Interaktion**
- **NLP, Neuro - Linguistisches - Programmieren**
- **Psychodrama**
- **Fokussing**
- **Gestalt Therapie**
- **EFT Klopftechnik für Jedermann**
- **Verhaltens- und Gesprächstherapie**

In 30 Jahren Tätigkeit ist mir immer wieder aufgefallen, dass eine Methode für sich allein niemals ausreichen kann, einen Menschen umfassend zu beraten oder zu behandeln.

Meist wird durch eine Mischung individuell genutzter Handlungen beim Klienten oder Patienten etwas ausgelöst. Erfolgreich dabei ist bereits eine erste, leichte aber neue Unterschiedsbildung in der Wahrnehmung. In vielen Jahren in Akademien, Behörden, Ministerien, in Berufsverbänden und Unternehmen, in Handwerk, bei Kliniken oder Arbeitsagenturen waren Zielerreichung in Beratung, Coaching oder Supervision immer dann erfolgreich, wenn ich ein Methodenspektrum zur Verfügung hatte, um auf Menschentypen und individuelle Neigungen Rücksicht nehmen konnte. Kommunikationsregeln allein waren dabei keine Hilfe. Selten kam zum Ende eines Treffens das zuerst benannte Thema eine Bedeutung, weil noch unbewusst. Ein Best Praktisch Beispiel sind Bandler / Grinder, die Transaktionsanalyse, Gestalt und Hypnose verglichen hatten, warum es damit besonders erfolgreich war. So war das NLP entstanden.

Ich kann hier auch nur auf Europäische Erlebnisse zurückgreifen. Schamanismus, Indianische und Techniken der Psychiatrie sind mir verborgen geblieben. Ich bin in Deutschland heimisch und lebe mit Ehefrau, Kindern und Enkeln im Rheinland.

Psychoanalyse
Analytische Erklärung menschlichen Verhaltens unter Berücksichtigung psychologischer Zusammenhänge incl. der Sexualität, des Unterbewusstseins, der Ersatzgefühle und der Verdrängungsmechanismen, sowie der Komplexe in uns Menschen und deren neurotischen Anteilen und der Traumanalyse. Zwei Genies, Siegmund Freud und Carl Gustav Jung, haben Bemerkenswertes hinterlassen. Freud hat die Analyse psychologisiert und Jung die Psyche analysiert. Jedenfalls muss man eine Erkrankung nachweisen. Neurose, Psychose, Paranoia, Schizophrenie o. ä. Wesentliche Aufarbeitung von Projektion und Gegenübertragung

Transaktionsanalyse
Analytisches Denkmodell zu Verhalten zwischen Menschen und Gruppen. Ich Zustände, Eltern Ich - Erwachsenen Ich - Kind Ich, Skript- und Strukturanalyse, Antreiber, Grund Positionen, Ich ok, Du ok – Ich ok, du nicht ok – Du ok, Ich nicht ok, Du nicht ok, ich nicht ok, Persönlichkeitsstruktur, psychologische Spielchen, Historisch, phänomenologische Analyse, Retter Opfer Verfolger Positionen, Trübungen zwischen den eigentlich autonomen Anteilen der Person.

Kommunikationsregel 1

Solange Reiz und Reaktion parallel verlaufen , kann die Kommunikation unbegrenzt fortgesetzt werden. Parallele Transaktionen sind Konflikt - frei.

Kommunikationsregel 2

Wenn Reiz und Reaktion sich kreuzen, ist eine Kommunikation zum ursprünglichen Thema beendet. Deshalb führen gekreuzte Transaktionen häufig zum Konflikt.

Kommunikationsregel 3

Wenn ein Informationsaustausch auf zwei verschiedenen Ebenen abläuft,(offen & ***verdeckt)*** **entscheidet oft die „** ***Verdeckte*** **“ über das Ergebnis der Transaktion der Beteiligten.**

Machen wir uns noch mal klar :

Jedes Verhalten kommt aus einem der drei Ich Zustände.
(Gestik - Mimik - Haltung . usw.)
Im Prinzip können wir jedes Verhalten einem dieser Ich Zustände zuordnen.

Konfliktlösung

Konfliktlösung ist nur auf der Erwachsenen Ebene möglich - dabei muß einer den Anfang machen. Der andere kann sich auf Dauer diesem Zug nicht entziehen.

Arbeitsblatt TA Typische Aussagen
(Ich Zustände)

Ich Zustände

Markieren Sie den nach Ihrer Meinung richtigen Ich Zustand	**EL – ER - KI**
Wann erfüllen die im Friedhofsamt endlich Ihre Vorgaben?	EL ER KI
Ich weiß auch nicht wie das passiert ist.	EL ER KI
Was mach ich jetzt nur?	EL ER KI
Wann haben Sie den Fehler zum ersten Mal bemerkt?	EL ER KI
Ich kann doch die Kunden nicht im Stich lassen, was soll ich nur tun?	EL ER KI
So geht das aber nicht, öffnen Sie sofort das Werkzeuglager, kapiert?	EL ER KI
Was könnte dafür der Grund sein?	EL ER KI
Das müssen Sie erst mal beweisen, das haben Sie selbst vermurkst	EL ER KI
Ihre Problemlösung hat mir gut gefallen.	EL ER KI
Können Sie sich denn nicht etwas beeilen?	EL ER KI
Kommen Sie, lassen Sie mich das für Sie machen.	EL ER KI
Ist der gleiche Einwand nochmals gekommen?	EL ER KI
Machen Sie sich keine Gedanken, nie wird so heiß gegessen wie gekocht	EL ER KI
Sie können mich doch ausgerechnet jetzt nicht im Stich lassen	EL ER KI
Ich muss immer dabei den Kopf hinhalten und die Halle aufräumen.	EL ER KI
Mensch, das ist ja die Idee, warum ist mir das nicht sofort eingefallen.	EL ER KI
Warum machen Sie mich dafür verantwortlich, ich bin dafür nicht zuständig.	EL ER KI
Sind Sie mit den Ergebnissen dieser Übung zufrieden?	EL ER KI

Kurzbeschreibung Transaktionsanalyse

Nachdem S. Freud die Analyse psychologisiert hat und C.G. Jung die Psychologie analysiert, dient die Transaktionsanalyse einer schnellen Erkenntnis der Geschehnisse zwischen Menschen in Kommunikation Interaktion und Wirkung von Persönlichkeiten aufeinander. In kurzer Zeit hilft TA schnell und konstruktiv miteinander zu kommunizieren, deckt geheime Spielchen auf und vermeidet wiederkehrende negative Muster .Sie ist gleichermaßen in Klinik, Familie und Betrieb anwendbar.

Skript - Funktion - Racket - Transaktionen - Spiele - Ich Zustände- Ersatzgefühle - Interaktionsmodel -

Eltern Ich

Erlernte Normen, Verbote, Gebote, Vorurteile, Kritik üben, Ermahnungen, Anerkennung, Fürsorglichkeit Ermutigung, Unterstützung, Drohung von Eltern, Vorgesetzten, Lehrern, Institution etc.

Beispiele:
Was fällt Ihnen überhaupt ein? Sie müssen immer daran denken, daß... So schaffen Sie das nie. Halb so schlimm, das wird schon wieder. Geben Sie die Hoffnung nicht auf.

Erwachsenen Ich

Gedachtes Lebenskonzept.Objektivität,Sachlichkeit,Wertfreiheit,Unvoreingenommenheit,Entscheidungen ohne Gefühlsbeteiligung.

Beispiele
Gibt es weitere Gründe dafür? Lassen Sie uns gemeinsam einen Termin machen. Ich kann verstehen, daß Sie den Arbeitsvorgang ändern möchten.

Kind Ich

Aufzeichnungen gefühlsmäßiger Art aus der Kindheit. Situationen und innere Aufzeichnungen prägen die Handlungen. Zorn, Haß, Wut, Trauer, Freude, Lust, Ärger, Minderwertigkeit, Neugier, Wissensdrang, Kreativität.

Beispiele
Immer passiert mir das. Wunderbar, Toll, Super, Hat ja doch keinen Zweck , Ich geh ja schon , Da kann man eben nichts machen, ich wollt ja nur mal fragen, ausgerechnet immer bei mir, Sie haben doch aber gesagt.....

Themenzentrierte Interaktion
Pädagogik ist vorweg genommene Therapie und Therapie ist nachgeholte Pädagogik
Balance zwischen Person, Gruppe, Thema und Umfeld.

- Ich lasse andere Erfahrungen gelten
- Alle hören einander zu und lassen den Partner aussprechen
- Störungen müssen beachtet werden
- Ich spreche im „Ich“ - nicht im *man* oder *wir*
- Minderheiten dürfen nicht überstimmt werden
- Ich übernehme Verantwortung für das, was ich tue und
- für das was ich unterlasse
- Ich beachte meine Körpersignale
- Wahrnehmungen & Empfindungen können nicht bewertet werden.
- Ich begründe meine Fragen.
- Ich muss nicht alles sagen was echt ist, aber was ich sage, muss echt sein.

Hypnotherapie In Stichworten:
Kontrolle von Symptomen, Erlernen von neuem Verhalten, unbewusste Suchanleitung Hypnosystemische Intervention, Six – Step – Reframing, Ideomotorik, Trance, Phantasiereisen, Metaphern, Wasserradtechnik, Innere Bilder, Versöhnung zweier Teile, Prägesituationen auffinden, Progression, Regression, Suggestion u. a.

Vor 5000 Jahren hatten die Sumerer in Ritualen und Tänzen ihre Körperlichkeit und ein Nachlassen des Denkens bemerkt und so die Trance entdeckt. Eigentlich bedeutet der Begriff Hypnose Heilschlaf, (aus dem altertümlichen Tempelschlaf abgeleitet) obwohl wir dabei nicht schlafen, zur in einem vertieften und entspannten Zustand sind. Nachgewiesen und messbar durch eine abgesenkte Frequenz der Gehirnwellen. In der modernen Zeit verbinden Menschen mit dem Begriff Hypnose Vorstellungen wie Kontrollverlust, Manipulation und erinnern sich sofort an spektakuläre Bühnenshows, bei denen Menschen scheinbar willenlos dem Schausteller ausgeliefert sind. In der Medizin gibt es so etwas nicht, eher sprechen wir von Trance, welche die inneren Heilkräfte hervorruft.

Die Vis Vitalis, die Lebenskraft, wird angeregt und Fragestellungen werden unbewußt weiter verarbeitet. ***Schmerzen, Schlafstörungen, Lernprobleme, Ängste, Depressionen, Migräne, Stress, Rauchen, Übergewicht, Unruhezustände, erhöhter Blutdruck*** **u. ä.** können in einem neuen Licht und bisher unbekannten Zusammenhängen gesehen werden. Hypnose ist ein Trancezustand, der nach innen gerichtet, tief entspannt Erfahrungen zulässt, die normalerweise von unserem Unbewussten unter „Verschluss“ gehalten werden.

Durch die Suggestion angenehmer Bilder wird ein anderes Erleben traumatisierter Inhalte möglich und neue Fähigkeiten werden erweckt und auf der bewussten Ebene anders zugänglich. Besonders, weil Konflikte neutral und unzensiert wahrgenommen werden können. Eine besondere Qualität besteht durch die Beziehung und Überzeugungskraft zwischen Klient und Therapeut. Krise und Lösung sind gleichzeitig aktiviert, also medizinisch und psychologisch nebeneinander möglich. (z.B.: Bei verbalen Suggestionen sinkt der Blutdruck.)

Die moderne Hypnose

Es geht um neue Formen der Anleitung zur Transformation und einer naturalistischen Veränderung mit dem Ziel eine kreative Angleichung an eine äußere, realistische Welt zur Erreichung eines inneren Friedens. Und darum, die vorhandenen positiven Ressourcen für die eigene und gesunde Lebensbewältigung zu nutzen.

Farben, Bilder, Klänge, Visionen, Gebete, Tänze, Kunst, Malerei, Phantasie, Imagination, Gerüche, Musik, Symbole - Möglichkeiten, die uns für Momente oder auch länger in einen Zustand bringen, in dem Erneuerung geschehen kann. Alles Trancezustände, die jeder vom Autofahren kennt, wenn er telefonierend die eigene Abfahrt verpasst hat, aber tapfer behauptet, er sei wach gewesen, oder? Eine alte Dame im Hospiz kann allein durch die Betrachtung der Fotos ihrer Enkel in einen glücklichen Zustand gelangen, und ihre Schmerzen besser ertragen. Im 19ten Jahrhundert hatte der Apotheker Coue` bei der Tablettenausgabe für jeden seiner Klienten einen Spruch parat. z.B.: Das wird ihnen besonders gut helfen. So entstanden die ersten Suggestionen. Auch Rasputin hatte mit der Augenfixation den Zaren hypnotisch beeinflußt. Milton Erickson wurde zu einen Kranken gerufen, der sich für Jesus hielt. Er begrüßte ihn mit der Frage: Ich habe gehört, dass sie Erfahrung als Zimmermann haben. Das konnte der Patient nicht verneinen, seitdem baut er Möbel. Bei Napoleons Feldzug nach Russland gab es einen Arzt, der weil er keine Medikamente hatte, den Namen des Präparates auf einen Zettel geschrieben, diesen zerrissen, und den hoffnungslos Erkrankten zu essen gab, eine Heilung bewirkte. Siegmund Freud hat mit Hypnose begonnen und heute setzen Spitzensportler, Zahnärzte, und Chirurgen die Hypnose ein, um in schwersten Fällen zu Erfolgen oder Höchstleistungen zu kommen. Wir kennen die hypnotische Wirkung von Märchen besonders bei Kindern, die Identifikation und Verhalten auslösen. Hypnotisch wirkende CD` s und Cassetten sind Alltag geworden.

Stichworte zum NLP, Neuro - Linguistische – Programmierung

Problem- Excellenz- Trance- Ziel- Stuck- Trennzustand, Rapport, Handlungsanreize, Vergangenheit ändern, Ultra Kurz Reframing, Time Line, Körperanker, Anteile, Magischer Kreis, Stapelanker, Six Step, Change Historie, VAGOK: Visuell, Auditiv, Olfaktorisch, Kinästhetisch, Fähigkeiten erkunden, Gedankenstopp, Glaubenssätze, Kalibrierübungen, Repräsentationssysteme, Phobieanker, Ressourcenfindung,

Die „wohlgeformte" Zielbefragung

Voraussetzungen zu einem qualifizierten Veränderungsgespräch

1. **Wann und wo möchtest du das Erwünschte erreichen?**
2. **Was wird sich dann in Deinem Leben ändern?**
3. **Wie wirst Du Dich gegenüber anderen dann verhalten?**
4. **Unter welchen Bedingungen - und wo willst du nichts ändern?**
5. **Woran kannst Du schon früher erkennen, ob Du am Ziel bist?**
6. **Woher wirst Du wissen, wann Du Dein Ziel erreicht haben wirst?**
7. **Was wirst Du dann sehen, hören, riechen, schmecken, fühlen?**

Welche Ressourcen besitzt Du?

Wie wird sich das genau anfühlen? Wie wirst du den Erfolg feiern?
Woran kannst Du es genau merken? Wie teilst Du es anderen mit?
Woher wirst Du es genau wissen? Was werden Freunde sagen?
Wie wird das genau aussehen? Wie wird es genau klingen?
Wie wirst Du es erkennen ? Wie hast Du Erfolg bisher verhindert?
Wie ist der Gesichtsausdruck Deines Partners / Partnerin?

Wenn Du jetzt schon die Möglichkeit hättest, was würde geschehen? So lautet die Zauberfrage! ←

Benützen Sie die Fragen, um die *„gesichtsphysiognomisch"* bemerkbaren Zustände des Gegenübers wahrzunehmen. ***„Ziel - Problem - Misch Zustände"***

„Physiognomie". *Dabei geht es um den richtigen echten Rapport.*

Bedingungen sind:

Positivierungen – Selbst - Initiierbarkeit - Eigene Kontrollmöglichkeit, Beachtung von Veränderung der Haltung - Gestik – Mimik - Atmung

Bitte nur positive Ziele verhandeln!

Statt: ich will ein bischen weniger aufgeregt sein – ***ich bin dann ruhig und mein Gesicht ist glatt***

Coaching - Befragung in geändertem Rahmen

Situationsbeschreibung : *Was stört mich, was möchte ich ändern?*

Fähigkeiten und Können

Du hast während Deines Lebens viele Situationen mit unterschiedlichen Menschen erlebt, viele Erfahrungen gemacht, an verschiedenen Orten und zu unterschiedlichen Gelegenheiten und dabei Fähigkeiten erworben und viele Dinge gelernt.
Welche Deiner Erfahrungen und Kenntnisse kannst Du in diesem Problemzusammenhang benutzen, um zu Deinem Ziel zu kommen (**Mindestens fünf miteinander finden und aufschreiben**)

Mit **jeder gefundenen** Fähigkeit **in die Situation** gehen und erleben wie Du Dich an diese Fähigkeit in der jeweiligen Situation erinnern kannst.
Physiognomie beobachten und merken.
Beste Möglichkeit abfragen und anerkennen.

Wo und wo nicht ? (Kurz -Reframing)

Überlege **drei** Situationen, in denen Du **keine neue** Fähigkeit anwenden willst, in denen Du lieber die bekannten Möglichkeiten beibehalten möchtest.
Versöhnungsphysiognomie sollte sichtbar sein.

Was es bedeutet (Ökonomiecheck)

Finde **drei** negative Konsequenzen in Deinem Leben die eintreten, wenn Du ein Ziel erreicht haben wirst.
Lass Dir **jeweils** eine Idee einfallen, was Du tun oder lernen könntest, um diesen **negativen** Konsequenzen **vorzubeugen oder zufriedenstellend** mit ihnen umzugehen.

Stelle Dir für jede Idee eine Situation vor, in der Du anfangen wirst, sie in die Tat umzusetzen.

Wie die Zukunft aussieht (Futur Pace)

Stell Dir vor, Du kommst das nächste Mal in eine solche Problemsituation.
Wie wird das sein?
(*Mischphysiognomie sollte erscheinen*)

Stichworte zum Psychodrama

(Moreno)

Das Leben verbessern, ist das große Ziel.

Prozess:

- Aufwärmen (Theaterstufen)
- Zentralspieler bestimmen
- Interview zur Orientierung
- Helfer auswählen
- Hilfs Ich` s (Vater, Mutter, etc.)
- Intervention
- Reflexion

Methoden:

- Spiegeln
- Rollenspiel, Inszenierung, Skulptur, Identifikation,
- Dopplung, Konfrontation, Resonanzbild, Feedback u.a.

Ziel:

- Emotionale Reinigung und Integration
- Vertiefung der Beziehungen
- Gruppenfeedback
- Huckepack (Selbsterleben) der Teilnehmer
- Lebensechtheit in der realen Gruppe herstellen
- Selbstwahrnehmung
- Achtsamkeit gegenüber dem Selbst

Durch Identifikation, Reinigung und Integration können Lebensrollen neu erlebt werden und falsch gelernte Konzepte umgedeutet werden.

Focusing *(Kurzfassung nach Gendler)*

1. ***Freiraum schaffen*: Sich auf das Problem einstellen, jedoch einen inneren Abstand dazu wahren**
2. ***Einen „Felt - Sense“ aufkommen lassen*: Aufmerksamkeit auf Brust- / Bauchraum richten und dabei "körperliche Resonanz" zum Thema entstehen lassen**
3. ***Den „Felt Sense“ beschreiben - "einen Griff finden"*: Einen Begriff oder eine kurze Beschreibung für dieses - meist diffuse - Körpersignal herausfinden lassen**
4. ***Vergleichen*: Den gefundenen Begriff mit dem *„Felt - Sense“* abgleichen**
5. ***Fragestellung*: Was braucht der „Felt Sense“, um sich mit dem Problem *(wieder)* wohler zu fühlen und Lösungsrichtungen zu entwickeln**
6. ***Annehmen und schützen*: Schützen des Prozesses gegen innere Kritikerstimmen und das Ergebnis würdigen**

**Eine Methode der inneren Achtsamkeit, wie es aus der Gestalttherapie bekannt ist. Die innere Wahrnehmung dient als Kompass zur achtsamen eigenen Haltung, um zu einem authentischen Sicherheits- und Wohlfühlerleben zu kommen.
Die entstehende Resonanz zum Thema ist Herausforderung zur Lösung. Körperliche Impulse des Unwohlseins sollen verbalisiert und klar definiert werden und dabei wertfrei bleiben.**

In Gesamtheitlichkeit betrachtet, gehört zum Prozess des Focusing ein Verständnis zum Schutz des erlebten Prozesses und einer damit verbundenen Neutralisierung eigener inneren Kritikerstimmen.

Schließlich geht es um eine Würdigung des Ergebnisses, damit eine Versöhnung gelingt und eine selbstverständliche und echte Akzeptanz. - Faule Kompromisse vermeiden.

Gestalt Therapie

Achtsamkeit, Wachheit, Bewusstheit, Hier und Jetzt, Heißer Stuhl, Wahrnehmung, Identifikation, Gestaltachse, Confluenz , Isolation, Projektion, Reflexion, Deflexion, Retroflexion, Introjektion, Ganzheitlichkeit, Bedürfnisse,

Projektion

Inhalte, Gefühle werden auf andere Personen bezogen

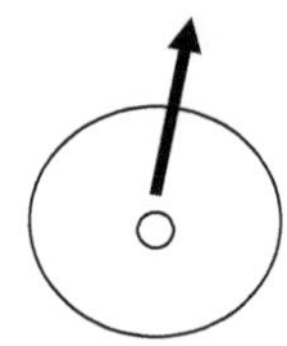

Reflexion

Inhalte, Verhalten werden intrapersonell überprüft

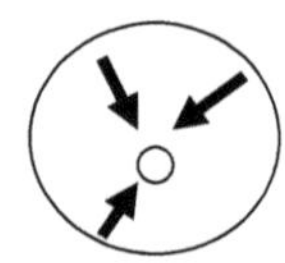

Retroflexion

Ärger und Wut werden gegen sich selbst, statt auf den Verursacher, gerichtet (Nägelkauen)

Introjektion

Von außen erbrachte Dogmen werden nach innen genommen und trüben eigene Sichtweisen

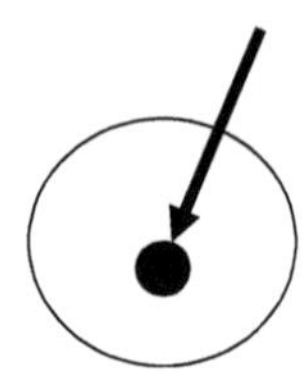

Deflektion

Innerer Rückzug

Kontaktvermeidung

Die Ansicht der Grafik macht die Handlung deutlich.

Die Achse der Gestalt ist zu beachten.

Zwischen Confluenz <> Kontakt + Rückzug <> Isolation stecken die dynamischen Aspekte von Zuwendung, Ausbeutung, Abgrenzung, Hilfsbereitschaft, Überforderung Endtäuschung bis hin zur Isolation, Depression oder gar Suizid. Immer dann, wenn Grenzen überschritten werden. Gestalt ist analytisch, magisch, mythisch, mystisch, rational, kreative, emotional und intuitiv zugleich.

Wenn sie einmal nicht weiter wissen. Eine Reise ins Unbewusste

Suchen sie einen ruhigen ungestörten Ort. Sprechen sie den Text auf einen Tonträger, den sie später anhören können. Oder bitten sie eine vertraute Person den Text zu sprechen. Oder lassen sie sich den Text vorlesen. Langsam, bedacht mit deutlichen Pausen.

Diese Reise ist immer dann gut, wenn nicht so ganz klar ist, wohin es gehen soll, oder um was es sich eigentlich handelt. Und wo noch keine genaue Vorstellung darüber besteht, wie das Problem gelöst werden könnte. Wo eine Hoffnung, ein Wunsch nach Veränderung, eine Sehnsucht - vielleicht sogar - besteht. -Vielleicht ist es ganz gut, dieses Problem wörtlich zu nehmen und zu schauen, wohin du es mitnehmen wirst. Manchmal stehen wir vor dieser Frage: Was brauche ich jetzt eigentlich, um neue Wege zu gehen? Was wird mir helfen? Was, um mich weiter entwickeln zu können? Welche Fähigkeit, welche Eigenschaften meiner Person, welche nicht gelebten Anteile können mir dabei hilfreich sein?

Manchmal wissen wir mit dem bewussten Denken überhaupt keine Antwort oder eine Ahnung - und wir kommen auf die Idee, unser Unbewusstes zu fragen was es seinerseits dazu denkt oder meint oder uns zeigen kann. Vielleicht ist diese Reise eine Reise genau zu einer Antwort deines eigenen Unbewussten darauf, mit der Frage, was brauche ich gerade?

Welche Seite, die eigentliche Seite in meinem Inneren, kann mir weiterhelfen?

Und so kann es sein, dass du diese Reise antrittst, mit einer Frage zu einem bestimmten Lebensbereich oder einer allgemeinen Neugier, oder wie du Dinge anders nutzen kannst als bisher. Und so beginnt diese Reise in die innere Welt bei dem was ist, was du fühlst, bemerkst - hörst - wahrnimmst. - Wie jede Reise beginnt sie mit dem Körper mit den Empfindungen die in diesem Moment da sind. Was empfinden die Hände? – Ruhe – Kühle - Lust auf Bewegung, Wärme Kraft. - Was teilen die Hände den Beinen mit, über die Bedürfnisse der Unterschiedlichkeiten des Körpers? So vieles kann gleichzeitig da sein. Und vielleicht kann ein Teil sich bereits beginnen sich zu entspannen, während andere bereits einen Weg in die Trance gefunden hat. Manchmal bemerkt man gleichzeitig, dass Teile bereits tief in Trance sind, während andere denken, sie sind noch ganz wach. -Vielleicht gibt es ja auch so etwas wie eine Quelle für die Trance, aus der heraus sie sich entwickelt. Und wenn du durch den Körper wanderst, reist, - wirst du sehr genau spüren - bemerken wo sich die Trance auf dem Weg nach innen bereits vertieft und wo sie auf diesem Weg zwei drei Schritte hinterher ist. Entwickelt sie sich in Wellen oder wie ein gleichmäßiger Strom? Ist es das Ausatmen oder beim Einatmen, dass es dich Schritt für Schritt nach innen führt, weiter oder - näher und während deine Ohren meiner Stimme folgen, braucht es vielleicht einfach eine innere Erlaubnis:

„Geh weiter – tiefer, tu den nächsten Schritt," - so dass das hier draußen unwichtiger, unbedeutender wird, beiläufig – etwas, was da ist und doch nicht da ist - wo viele Empfindungen des Körpers eine Rolle spielen und gleichzeitig - das Loslassen um so vieles angenehmer ist.

Wie so oft ist der Weg nach innen ein Weg in Landschaften, innere Landschaften - Seelenlandschaften und möglichst sucht sich dein Unbewusstes eine innere Landschaft aus, die mit dem zu tun hat, wofür du diese Frage stellst: „Was brauche ich? Was finde ich? Was wird sich in mir melden? Was wird mir den nächsten Schritt zeigen oder ermöglichen? Welcher Weg wird das sein, der sich in dieser inneren Landschaft auftut – ist es ein Weg auf weichem Boden – oder auf festem, auf was treffen deine Füße? Ist es Erde - ist es Stein - oder Sand - Gibt es Wasser – Hügel - Welche Farben leuchten und schweben in dieser Landschaft? - Wodurch ist das Licht gefärbt? - Gibt es eine Quelle oder auch die Sonne? – Wie ist der Duft, den diese Landschaft atmet - der Klang- in der sie schwingt? - Die Art und Weise, wie deine Füße selbstverständlich gehen, ob es kleine Schritte sind, oder kraftvolle große, die dich weiterführen - und irgend wann auf diesem Weg durch die Landschaft - wo sich manches noch ändern mag, kommt der Moment, wo du bemerkst, dass der Weg auf ein Haus zuführt und beim Näherkommen, bemerkst du, das dieses Haus am Ende des Weges, ein besonderes Haus ist, auf das du zugehst, ein besonders Haus auf eine Weise, - das es dein Unbewusstes Haus sein kann - was sich vielleicht noch ändern kann, ein Bild das dein Unbewusstes gestaltet mit den vielen Seiten in dir, die du manchmal nutzt und manchmal verlässt - und es ist gut Ideale zu haben, um heraus zu finden welche Dinge dir gefallen. - Wie ist das Dach, wie sind die Fenster? - Gibt es einen Garten? - Wo ist das Schild mit deinem Namen, damit du genau weißt, dass es dein eigenes inneres Haus ist, bei dem du ankommst. – Ankommst in inneren Räumen, in Räumen die für dich sind - sehr eigen - sehr besonders und ich weiß nicht mit welchem Gefühl du die Tür öffnest, die dich zu deinem eigentlichen innersten Raum bringen wird. - Gibt es vertraute Dinge Gegenstände, ein Geruch? Oder sind es andere Dinge unerwartet, neu, der Boden? Die Wände? Das Licht und die Farben, auf die du erst einmal triffst?

Wenn du bei dir ankommst – und in dieses Haus tiefer hinein zu gehen vermagst, dann heißt es auch an verschiedenen Türen vorbeizukommen - jeder Raum ein bestimmter Raum deiner Person und es gibt viele Räume, an denen du vor rüber kommen magst - die dich reizen, hinein zu schauen - und vielleicht ein Raum der Erinnerung und du bist neugierig darauf, wie es im Inneren des Raumes genau sein wird. - Wirf ruhig einen Blick hinein - ist es gut geordnet? Übersichtlich? - So dass du genau weißt, wo du etwas findest - oder ist das Durcheinander so groß, dass es Überraschungen gibt? - Sind Dinge gut verschlossen oder jederzeit einsichtig?

Dennoch ist dies nicht der Raum, der das Ziel dieser Reise ist und die Antwort auf diese Frage bietet - und wenn du weiter gehst, kannst du auch an dem Raum der Träume vorbeikommen und die Farben der Träume, die Träume der Nacht anschauen, die Träume des Wunsches und er Vision - denen es möglich ist, von dem was sein sollte zu erkennen. - Und du bist überrascht und auch dieser Raum ist nicht das Ziel der heutigen Reise - Ich bitte dich, nach einen bestimmten Raum Ausschau zu halten, der für das Zentrum - die Mitte - für das, was immer ist – was tief drin ruht Ausschau zu halten, auch wenn es manchmal von außen abgelenkt wird - Der Raum, der für Beständigkeit steht, für das was immer schon da war und manche Menschen nennen diesen Raum den innersten Raum

Selbst wenn es nicht wirklich im Innersten des Hauses ist, es kann sein, dass du einen Gang gehen musst. - Bevor dich deine Schritte zu der Tür lenken, mach dir klar, dass es sich um eine ganz besondere Tür handelt. - Eine besondere Tür, die alles sorgfältig abschirmt, - gut geschützt die Dinge bewahrt, eigene Klarheit finden lässt. - Wissen, dass hinter der Tür das eigene Innerste liegt, fürsorglich beschützt, bitte ich dich, die Tür, wenn du hinein gehst, auch sorgfältig zu verschließen, damit der Zauber und der Inhalt erhalten bleiben. - Dann deinem Blick Zeit zu geben, um sich daran zu gewöhnen, was du vorfindest - so viele Arten, die das Unbewusste dir zeigt - es gibt keine Regel für das, was du finden wirst – Gegenstände - Farben - Symbole. Manchmal entdeckt der Blick erst nach einiger Zeit, was alles vorhanden ist. - Was in diesem innersten Raum zu finden ist - manches ist sofort sichtbar - anderes ist vielleicht zugehängt, so wie man Möbel über längere Zeit schützen will, wenn sie nicht benutzt sind - aber irgendwann wird es ganz deutlich sein, dass, was du suchst - was du findest und wofür du hergekommen bist - für die Frage, wie dein Problem gelöst werden wird - die Hand wird sich ausstrecken danach, wofür du gekommen bist - der Blick wird mit Sicherheit wissen, was du brauchen wirst - auch wenn der Kopf noch einiger Zeit brauchen wird, um zu verstehen aber die innere Stimme weis genau, was du mitnehmen willst - was schweigen oder leuchten will - den Weg in die Freiheit.

Das Besondere ist - das du etwas mitnehmen kannst und es bleibt zugleich in der sicheren Quelle vorhanden, die Quelle der Gesundheit und es ist in Ordnung die Hand danach auszustrecken und sofort zu spüren, welche Wirkung es für dich hat. - Selbstverständlich, nicht nur Worte - wenn du es dann genommen hast und in irgend einer Wiese zu dir genommen hast, da beginnt bereits der Weg aus diesem innersten Raum heraus - und es ist wieder wichtig die Tür sorgfältig zu schließen, ebenso wie bei Gelegenheit einen anderen Raum aufzusuchen, der dich ebenfalls reizt und wenn du die Schritte zurück gehst durch das Haus, kann es sein dass du einen Raum findest, den du zu einer anderen Zeit und an einem anderen Tag betrachten möchtest.

Auf dem Rückweg aus dem Haus entdeckst Du eine kleine Tür, eisern, haltbar als würde sie etwas Wichtiges beinhalten. Und tatsächlich sie hat etwas von einem Schaltraum, indem Geräte Monitore, Schaltuhren, Apparate wie Stromerzeuger, Wasseraufbereitung und ähnlich aussehen. Eines der Geräte interessiert Dich besonders und Du gehst darauf zu neugierig und erwartungsvoll. Du findest einen Regler, wie Du ihn kennst von jedem Herd und von jeder Schaltuhr. - Sofort weißt Du wofür die zahlen rund angeordnet um den Zeiger herum gruppiert von 1 bis 10. Und in dem Moment indem Du Dich an Deinen Schmerz, Deinen Kummer, Deine Sorgen erinnerst, an Deinen Darm, Dein Herz – ganz gleich - weißt Du was Du nach Deiner Rückkehr tun kannst. Deine inneren Helfer wissen genau darum.

Wenn Du den Regler mit der Hand drehst von der Richtung 10 in Richtung 1, wirst Du bemerken, wie Dein Thema ebenfalls reagiert, schwächer wird - so wie Du den Regler nach unten drehst. Du erinnerst Dich den jenen ruhigen und kraftvollen Raum, an dem Du gut entspannen kannst und in Trance gehen gelernt hast, und weil das innere Wissen damit beschäftigt ist, was du gefunden hast, etwas Bedeutendes Deiner inneren positiven Kraft, Deiner Resilienz, die in Dir schlummert, ist es jetzt gut das Haus zu verlassen. - Wenn du im Freien stehst, wirst du es bemerken - einen Weg des Findens des Entdeckens. - Wirst du behutsam schlendern? Große Schritte tun? Was wird geschehen mit dem, was du mitgenommen hast – wird eine Ahnung lebendig - frei - sicher - mit einer Idee, was es bewirken wird - und wenn es noch nicht klar ist, ist es auf dem Weg heute Nacht - oder Morgen in einem Traum, oder Tagtraum, - sich weiter zu entwickeln - oder sich zeigen - oder einen Unterschied machen. - Wie der erste Schritt sein wird, so kann es sein, das ein Teil deines Körpers wieder wach ist - oder noch in Trance - und es gibt den Teil der Neugier, der diese Seite lockt und lockt, wach zu sein - die Füße zu bewegen und das Strecken und Dehnen zu beginnen auf dem Weg in das Neue und sobald sich die Augen öffnen, kann es sein, dass der Beginn des Neuen sich zeigt und als Antwort auf die Frage was tue ich? - Was entdecke ich als nächstes?

Und so, als wenn du lange genug auf einer Parkbank gesessen hättest, und es Zeit ist nach Hause zu gehen, bewegst du dich -langsam - spürst vielleicht einen Atemzug, ein Schlucken, eine kleine Muskelbewegung, irgendwo im Körper, ein Lidflackern, eine Fingerberührung, die dir genau den Weg zurück hierher zum wach sein zeigten- und fühlst dich erfrischt und wach zugleich. ***Hallo, hier wieder von der Reise zurück....***

Elemente der Gestalt

Gegenseitig Hände öffnen – Wortlose Kontaktaufnahme *(zu zweit)*

Augenkreis in der Gruppe – Vertrauensübung *(Blindenspaziergang)*

Ein gemeinsames Haus *(DIN A 4 Blatt zu zweit ein Stift)*

Identifikation: Rosenbusch – Eltern – Symptom – Reise - Natur

Ich kann nicht - ich will nicht / Ich brauche – Ich möchte

Bewusstheit – Begegnung der Hände – Gemalte Vornamen *(+ -)*

Wahrnehmung, Rundgang mit Satz in Gruppe, Stuhl: Ich bin wichtig

Heißer und leerer Stuhl - Inszenierung

Achtsamkeit – Hier und Jetzt *(Gesicht / Körperregion usw.)*

Visueller Lebenslauf - Zwiegespräch mit den Eltern, Chef, etc.

Körperskulptur als Spiegel - Vordergrund und Hintergrund

Biografischer Spaziergang *(Bodenanker)*

Früherinnerungen – Fantasiereise – Abgespaltener Anteil

Wetterbericht – Paradoxe Übertreibung *(Ich bin depressiv – lachend)*

Tonskulptur – Masken - Märchen und Phänomenologie - Skript

Begegnung mit dem zukünftigen Selbst

u. v. a

Identifikation mit den Händen

Immer wenn Sprache allein nicht ausreicht, hilft im hier und jetzt sich achtsam auf sich zu besinnen. Sich zu identifizieren, mit dem was ist oder in den Vordergrund drängt. Dabei gilt alle Sinne zu beteiligen und logische Bewertungen außer Acht zu lassen. Das Unbewusste kann wichtige Erkenntnisse liefern, die zunächst unscheinbar sein können.
Meist sind es Gegensätze, die unvereinbar erscheinen. Genau die werden imaginär auf zwei Körperseiten verteilt. Dann erfolgt eine Befragung und Sammlung der benannten Begriffe einer Seite; danach die zweite Befragungsrunde. Vorher darf die Seite ausgewählt werden, die zuerst befragt werden soll. Dann werden die beiden Hände ausgestreckt mit Handflächen zugewandt gehalten.
Dann wird suggeriert dass beide Hände sich annähern wie durch eine magnetische Kraft, oder elektrischen Strom oder durch Wärme. Visuell ist ein Luftballon zwischen Händen, der Stück für Stück Luft verliert. Öfter wiederholen und kleinste Bewegungen rückmelden. Sich Zeit lassen. Wenn die Hände sich berühren erscheint ein „Frieden" einzukehren. Gelassen bleiben. Empfindung muss nicht unbedingt besprochen werden. Es macht Sinn die beiden bisher rivalisierenden Hände auf der Brust zu kreuzen und zu verweilen. - **Die Reihenfolge Durchführung siehe Grafik. Keine Diskussion!**

Linke Hand > dafür Antworten Rechte Hand > dagegen Antworten

- Farbe
- Werkzeug
- Instrument
- Landschaft
- Geräusch
- Tier
- Wetterlage
- Klang
- Gegenstand
- Beschaffenheit
- Duft
- Musikart
- Bewegung
- Temperatur
- Gewicht

Nennungen aufschreiben, dann zweite Hand befragen. Ziel: Versöhnung der Gegensätze

Einzelberatung, zu viele Worte - Anschließend Bild mit 4 Feld Analyse

Eine junge Frau, mir drei Kindern in unklarer Lebenssituation erzählt in ausführlichen Worten über ihre Situation. Die Menge der Informationen kann ich nicht gut behalten und bin auch verwirrt, weil ich den Redeschwall nicht früh genug unterbrochen habe. Jetzt bitte ich sie, ihre Situation zu malen, irgendwie zum Ausdruck zu bringen. Es geht nicht um eine Bewertung einer künstlerischen Analyse.

Wir sehen ein Bild der Malerin mit drei Kindern in ihrer Stadt, in der sie lebt. Zwei Flüssen fließen zusammen und fließen dann plötzlich nicht weiter. Ereignisse, Tod der Eltern, unglückliche Partnerschaft, allein mit den Kindern etc....Viele Baustellen. Nun die Analyse mit vier Feldern, ein Versuch einer Deutung.

Links oben. Vier Personen, Fels für emotionale Stütze, rechts oben Vier Säulen am Bandenburger Tor nazistische Bestrahlung (dort lebt der Liebhaber, (eigentlich sind es sechs Säulen) Unten rechts vier Fenster im heimatlichen Dom. Das was hemmt Eigentlich hat er mehr als 40. Links unten das was vermieden wird, Feld blieb noch leer.

Fazit und Prognose
Die Bilder zeigen jeweils vier Aspekte. Die fünfte Person, der Ehemann, findet nicht mehr statt. Eine Trennung ist bereits vollzogen. Wird durch Bild endgültig. - Erleichterung.

Die unkonventionelle Anleitung mit dem „Hinterteil“

Eine junge Lehrerin, seit drei Jahren im Amt, ist ziemlich desillusioniert. Sie hat eine Klasse, in der es drunter und drüber geht. Das Kollegium war seinerzeit froh, dass sie spontan eingewilligt hatte, die Klasse zu übernehmen. Erst in letzter Zeit wird klar, wie schwer das nun geworden ist. Besonders die Ausdrucksweise der SchülerInnen macht ihr zu schaffen. So etwas hatte sie während des Studiums und auch nicht während des Referendarjahres erlebt. Sie klagt in der Supervision darüber, dass es ihr nicht gelingt, eine gute Umgangssprache mit den Schülern zu vereinbaren. Leck mich am Arsch, du kannst mich mal am Arsch lecken, leck dich selbst am Arsch, Arschlecker, so lauten die täglichen Kommunikationsbeiträge der Schüler unter einander. Gespräche mit KollegInnen, Elternabende, Einzelüberlegungen mit dem Schulleiter haben nicht geholfen. Die Schulpsychologin hatte ihr zwar Mut gemacht und Gruppenprozesse besprochen und auf eine kollektive Energie hingewiesen. Aber die Kollegin macht eine sehr schwere Zeit durch und sie zweifelt, ob sie den richtigen Beruf hat. Wir besprechen Ihre eigenen Ansprüche, die Motivation, überhaupt Lehrerin geworden zu sein, und die Resistenz der SchülerInnen, die zumindest vordergründig zu beobachten ist.

So kommen wir auch auf Zusammenhänge von Unbewusstem und der Erkenntnis, dass Veränderungen nicht immer logisch begründet sein müssen. Der kreative Ausdruck aus der Gestalt- Therapie scheint oft paradox, wenngleich hilfreich. Also schlage ich ein mutiges Experiment vor. - Sie besorgt Arbeitsbretter aus dem Kunstunterricht, Ton und kleine Schabe und Schneidewerkzeuge. Jeder Schüler/jede Schülerin erhält den Auftrag, ein Gesäß, einen Po, ein Hinterteil, zu formen. Mehr Anweisungen gibt sie nicht, außer dass alle gefertigten Produkte auf einem Brett zum Trocknen und später zum Brennen ausgestellt werden würden. Ein Anatomieatlas steht noch zur Verfügung. Als die Schüler fertig sind, gibt sie folgende Anweisung.

So, jetzt könnt Ihr alle nach Herzenslust mal an einem Arsch lecken.

Schweigen, Betroffenheit, Staunen. Seit diesem Tag geschieht Folgendes. Jedes Mal wenn jemand die Lippen formt zu einem Satz wie „Du kannst mich mal a............“,spätestens in diesem Moment zeigt einer der Schüler auf das Brett mit den Produkten und die Schüler vermeiden seit dem jegliche Form von Fäkalsprache. - Das Lernen gelingt besser, eine Wertschätzung und eine Einsicht zur gegenseitigen Achtung statt Abwertung sind entstanden. Etwas in „GESTALT“ bringen ist erfolgversprechend.

Visuelle Sinne nutzen in der Gruppengestalt des Klassengefüges

In einer Schulklasse gibt es keine Regeln. Die Klasse ist unruhig, nichts schien einfach mal gut zu laufen. Ermahnungen, Klassenbucheintragungen, Elternabende - nichts schien zu helfen. Die Schulpsychologin rät zur Geduld. Alle Mühen waren vergebens, dabei habe ich immer alles gut erklärt, so die Lehrerin. Was wissen die Kinder voneinander? Kennen alle die Regeln? Können Sie sich ein Bild einprägen?

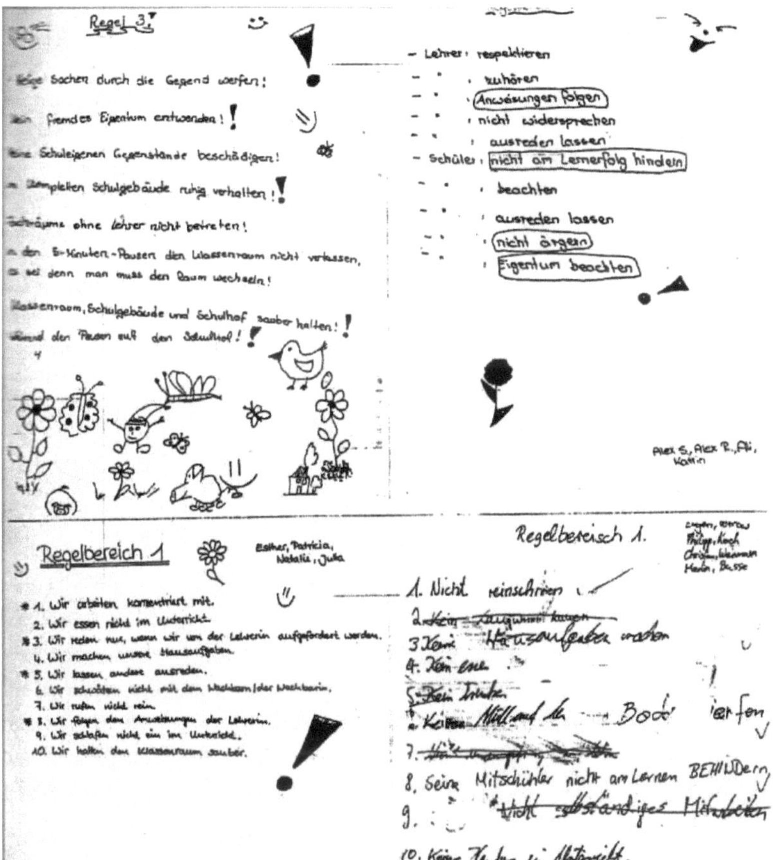

Nachdem bildlich Gestalt angenommen werden konnte, hat sich das Klima gebessert. Die Schüler haben den unterschiedlichen Ist Zustand der einzelnen Schüler begriffen und helfen sich gegenseitig.

Malen sie doch bitte die Eingangstür zu diesem Seminar

Eine sofortige Aufklärung zur Situation im Seminar von Führungskräften bietet die Möglichkeit mit einem Bild der Gruppe eine Gestalt zu geben. Viele Fragezeichen, Identifikation mit dem Selbst, halb offen und verschlossene Türen, stabile Mauerwerke und Offenheit, alles sichtbar. Im Paarinterview geht es weiter. Die Bilder werden besprochen, Freude, Neugier, Betroffenheit, Ängste etc. Die Bilder bleiben im Raum hängen. Die Visualisierung zu Beginn ermöglicht direkte Vertrautheit trotz Befürchtungen und Unsicherheit, für die kommenden Stunden und bevor die eigentliche Arbeit beginnen kann.

Überschrift: Die Eingangstür zu diesem Seminar

- Wie ist sie beschaffen?
- In welchem Rahmen hängt sie?
- Wohin führt sie?
- Was macht mich neugierig?

Eine bewährte Methode ist eine „Gestaltung"

In einem angeleiteten gemeinsamen Erleben werden spontane, intuitive und prozessorientierte Wahrnehmungen vorbereitet, erlebbar gemacht, analysiert und im vertieften Gespräch im Paar, Kleingruppe und Plenum offen ausgetauscht. Um die eigentlichen Rollen mit denen wir anderen begegnen zu verstehen und zu verändern, soll es gelingen einen anderen Blick auf sich selbst zu gewinnen. Es ist natürlich, dass wir in unterschiedlichen Zusammenhängen (Familie, Beruf, Kundenkontakt, Urlaub) auch unterschiedliches Verhalten zeigen, damit wir uns schützen. Wir bewundern erfolgreiche Teams du staunen über eine großen Fundus an Möglichkeiten des offenen Umgangs miteinander. Jedenfalls, wenn man hinter seine eigene Maske schauen lernt, sein erlerntes Verhalten versteht, erweitern sich die eigenen Handlungsmöglichkeiten in Teams deutlich. Diskussionen und Vorträge erreichen meist nicht die Fühltiefe.

Utensilien

Gymnastikmatte – Handtuch – Vaseline – Ton – Gipsbinden – Meditationsmusik – Wasser in kleinen Behältnissen. Arbeit zu zweit. Einer liegt am Boden und sein Gesicht wird sorgfältig mit Vaseline eingekremt. Dann mit kleinen Streifen (10 cm) das gesamte Gesicht belegt. Nasenlöcher bleiben frei. Wenn der Gips sich gehärtet hat, sorgfältig lösen. Dann kann man in sein inneres Gesicht blicken. 10 Minuten Stille. Austausch im Interview. - Raum für Paarinterviews – Gruppenbesprechungen – Möglichkeit zu Spaziergängen. Zeitraum für eine zehn Personen Gruppe ca. ein Tag. Reflexion.

Erweckung der eigenen Weiblichkeit

Im Naturworkshop mit Anregung zur Skulptur mit Ton und Erde

Die ewige Sehnsucht, die nicht zu stillen zu schien. Ich konnte das erste Mal den weichen Ton aus der Erde zwischen den Händen spüren. Feucht, kalt, nass, klebrig zuerst. Dann nach einer Weile warm und gleitend. Eine Kugel war der erste Schritt. Danach aus der Kugel etwas zum eigenen Ich zu formen.???

Heute weiß ich, welche Energie in dem Naturstoff Ton steckt. Er kann hart sein, flüssig, zäh oder bei 1100° gebrannt werden. Stets spiegelt er in unseren Händen die eigentliche Situation dar. Wer zuerst darüber lächelt, wird bei ernsthafter Auseinandersetzung mit dem Phänomen Ton, eines Besseren belehrt.

Ton der Erde ermöglicht an Ressourcen zu gelangen, die verbal nicht erreichbar sind.

Der intuitive, emotionale, Moment des Entstehens ist einmalig und nicht willentlich wiederholbar. Teilnehmer haben ihre Form, die sie nicht mochten, weggeworfen, die sie am anderen Tag gesucht haben.

In dem dargestellten Prozess wurde der Zugang zur eigenen Weiblichkeit möglich.

Die Arbeit mit Ton ist ganzheitlich, mythisch, mystisch, magisch, rational und analytisch zugleich. Es geht um Prozesse. Wird er heiß genug? Ist er trocken genug? Ändert er die Farbe? Lässt er sich noch formen? Wird er platzten?

Eine Empfehlung für mit Stress geplagten Menschen.

Stress in Handeln umwandeln

Unwohlsein, Ermüdung, Abgeschlafft sein Schlafstörung, Stress, Depression, Burn Out So könnte eine Karriere verlaufen Zunächst unbewusst, später durch Verlust von Freunden und Isolation mit häufigen Erkrankungen. Darüber spricht man eigentlich nicht gern. Die Zahlen der Krankenkassen sind eindeutig, In 15 Jahren Verdopplung der psychisch beteiligten Erkrankungen und häufig auftretenden Fehltagen. Jemanden mit Bur Out hört man typischerweise sagen: „Only Loosers have Lunch“

Die Gestaltung ist erfolgversprechend.

Papierbögen in Menschengröße – Malstifte – Stressempfindung zu zweit mit Aufmalen der Körperumrisse – Ausschneiden und Aufhängen der Bilder. Gemeinschaftlicher Rundgang „schweigend“ – Aufschreiben der Wahrnehmungen und Interventionen auf Vorder- und Rückseite - Botschaften im Paargespräch austauschen - Plenumsdiskussion - Alltagstransfer – gegenseitige Telefonate - Telefoncoaching
Große Papierbögen werden von jeder Person so ausgeschnitten, dass ihre typischen Körperhaltungen bei Stress möglichst dargestellt werden können. Die Figuren werden dann beschrieben ohne zu sprechen. IN einem Rundgang wird wie bei einer Aasstellung die Bilder betrachtet. Dann im Zweiergespräch besprochen. Anschließend mit andern Teilnehmern der Gruppe. Eine Schlussreflexion folgt.
Was habe ich gelernt? Wie habe ich gelernt? Wie sind wir miteinander umgegangen? Was werde ich zukünftig anders machen? Mit wem werde ich darüber sprechen?

Beim Alptraum sprechen Bilder, nicht die Patienten!

Bildunterstütztes Coaching, Resonanzbilder und Resilienz geleiten vom Alptraum zum Wunschtraum

Zitate zu Beginn:

- ***Ein Bild sagt mehr, wie 1000 Worte, Lao Tse.***
- ***Wir haben genügend positive Bilder in uns gespeichert, Prof. Hüther, Gehirnforscher***
- ***Wir müssen die inneren Bilder imaginieren, um sie zu nutzen, Prof. Luise Reddemann***
- ***Häufig genug wiederholte Bilder verändern Persönlichkeiten und ganze Völker, Prof. Macho, Kulturforscher***
- ***Alles Denken geschieht in Bildern, Hallesche Krankenversicherung, positiv denken und Gesundheitsförderung***
- ***Die sprachlose Kommunikation der Bilder ist Ausdruck des Unbewussten, Dr. Elisabeth Kübler - Ross***

Die Sache mit den Träumen:

Zu allen Zeiten, in allen Kulturen, in Naturvolk und Bibel, in Klinik und moderner Psychotherapie gelten Träume als Wegweiser. Sie regulieren autonom die menschliche Psyche, *(Prof. K. U. Adam)*, transportieren psychische Energie *(z. B: schweißnass aufwachen)* und können Bilder auf die Netzhaut projizieren. Menschen träumen vermehrt bei Krisen, Erkrankungen, Trennungen, Berufswechsel, Ängsten, Unfällen, Einsamkeit, Todesfällen, Stress und anderen Ereignissen. Träume können wiederholt vorkommen, können warnen, erleichtern, auflösen, dramatisieren oder beschönigen. Schließlich folgen sie der dem Gehirn eigenen neuro – bio – chemische Funktion, die auch beim Träumen wirkt. Bei wechselnden Wach- und Bewusstseinszuständen sind stets Serotonin, Melatonin und Dimethyltryptamine beteiligt. (D. Broers Biochemiker).*Träume sind der Königsweg zum Unbewussten, Siegmund Freud. Träume sind Quellen tiefster Weisheit, Erich Fromm. Häufig wiederkehrende Träume haben eine existentielle Bedeutung, Carl Gustav Jung. Jeder Traum hat eine heilende Wirkung, Dr. Helmut Hark.*

Methoden zum Traumverständnis:

Skulptur, Inszenierung, Konfrontation, Analyse, Rollenspiel, Ausdrucksmalen, Identifikation, Traum als Märchen schreiben, Traumtagebuch, Tagesreste, Synchronizität, Archetypen, Tiersymbolik, Animus und Anima, Assoziation und Amplifikation *(Traumerweiterung)*, Objekt / Subjekt Erfahrung, Progression / Regression, Umdeuten, kausale und finale Träume, Komplexe, Traum als Theaterstück und andere. Warnträume, Klarträume, Weissagungsträume, Todesträume, Tierträume, Libidoträume, Alpträume, Flucht- und Verfolgungsträume; stets sind es vielsagende Bruchstücke oder ganze Geschehnisse, die bewusst werden. Sie kommen aus dem Unbewussten an die

„Ich Oberfläche“ und müssen bewusst bearbeitet werden. - Es bedarf eine geduldigen Empathie und eines Spürbewusstseins, um dem Träumenden zur Seite zu stehen, ohne Hinweise oder Ratschläge zu erteilen. Allein die eigene Evidenz ermöglicht ohne Projektionen ein Verständnis der Traumbotschaft. Irgendwie ist es wie mit der Arche Noah, es sind alle Lebewesen an Bord, aber nicht immer alle an Deck. Mehrdeutige Hinweise zeigen sich besonders deutlich bei dem Symbol der Schlange. Wir verbinden sie mit Gift, Gefahr und Hinterlist und andererseits mit der Heilkraft, wie der Äskulapstab zeigen soll. Tipps zum Umgang mit Alpträumen: *Wer träumt zu fallen, nimmt einen Fallschirm. Wer angeschossen wird, nimmt die Schussweste und spürt wie die Kugel angehalten wird, usw. Neues Drehbuch zum Traum schreiben, tagsüber gedanklich üben, wie im Tagtraum zu spüren, eventuelle Monster konkret nach der Absicht fragen.*

Bild - gestütztes Coaching *(nach Dieter Loboda):*
Das Bildcoaching nutzt die Erkenntnisse der multi - codierten Speicherung allen Geschehens in uns. Auch Resilienzkräfte *(Steh auf Mentalität)* sind per Bilderfahrung in uns biografisch verankert. Umso deutlicher werden Traumbilder, wenngleich sie verschlüsselt und in Symbolen daherkommen. Ein gemalter Traum ermöglicht Therapeuten, Beratern und Träumenden die Spiegelneuronen zu nutzen und eine seriöse und stille Bildbetrachtung, bei der die Träumenden im eigenen Rhythmus ungestört, ohne befragt zu werden, ihren Traumprozess erfahren können. Einzig die Schritte der Strategie werden angeregt. Die teilnehmenden Gruppenmitglieder sind aufgefordert, ohne zu sprechen, ihre Antwortbilder zu dem Initialbild des Träumenden zu skizzieren. Auf der Rückseite näher zu bezeichnen, was sie gemalt haben. Der Träumende hat die Aufgabe die gemalten Antwortbilder aus seiner Sicht passend, dem eigenen Initialbild zu zuordnen. Nur wenn nötig, kann abschließend zu einzelnen Bildern therapeutisch gehandelt werden. Beispielhaft wird nachfolgend eine Gruppensituation beschrieben mit acht Teilnehmenden. Das Beispiel ist deshalb besonders geeignet, weil ein Traum jahrelang beängstigt hat und auch durch therapeutische Konsultationen nicht gelöst werden konnte. Die Methode ist seriös anzuwenden, besonders, weil Antidepressiva bei Alpträumen nicht wirksam helfen, so. Prof. Schredl.

Schlüsselfragen *(ohne jegliche inhaltliche Stellungnahme)* **könnten sein.**

- Liegen die Bilder so richtig?
- Stimmt die jetzige Reihenfolge?
- Welches Bild gehört an den Anfang oder das Ende?
- Liegen die Bilder in deren Bedeutung am richtigen Ort?
- An welcher Stelle steht das Symbol für ihr eigenes Selbst?
- Was möchten Sie zum Schluss noch verändern?

- Abschließend wird ein Märchen inszeniert, das den Prozess reflektieren kann. Eventuell auch als Gedicht oder Geschichte. Ein weiteres Zukunftsbild ist eventuell sinnvoll.

Materialien:
Kamera, Fotoapparat oder Handy, Wachsmalstifte sind geeignet. Initialbild in DN A 3, Antwortbilder DIN A 4, Stuhlkreis.Eine Hilfsfigur, um Veränderungen zu präsentieren. Es ist hilfreich, wenn der Träumende den Prozess des Vorgehens mit den ablaufenden Veränderungen per Handy oder Kamera dokumentiert. Eventuell Kreppband, Wäscheklammern und Bindfaden, um die Bilder, visuell nutzbar, aufzuhängen. Abschließend gehört eine Hausaufgabe dazu, um den Prozess häuslich zu beenden, incl. eines freiwilligen Telefoncoachings.

Bild- unterstütztes Coaching im Prozess:
Stellvertretend zur Veranschaulichung vier von acht Bildern.

Initialbild der Träumerin:

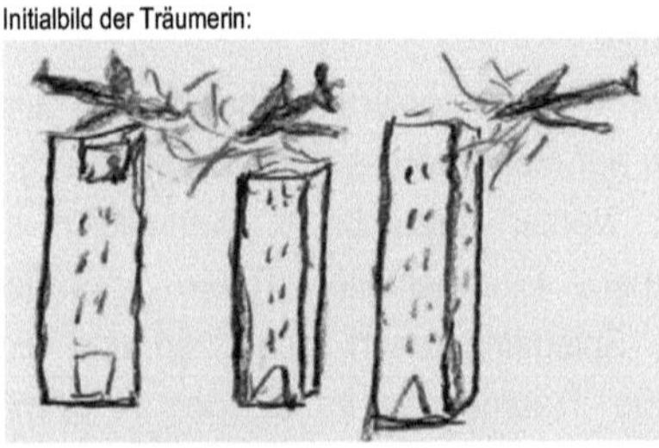

Die Träumende ist ca. 35 Jahre alt, Betriebswirtin im Management erfolgreich. Träumt seit Jahren immer, immer wiederkehrend und quälend den Traum der Hochhäuser mit Zerstörungen. Sie kann dabei nur zusehen ohne handeln zu können. Alle Versuche den Traum los zu werden, waren vergeblich. Im ersten Turm oben ist sie zuschauend zu sehen. Hochhäuser, keine Natur, keine Blumen.....Im Leben ist sie durchaus mutig, lebt mit Schlangen, macht Fallschirmsprünge, ist angstfrei, traut sich viel zu, hat Heimat und Familie verlassen und Managerjob aufgegeben und studiert Heilpraktiker für Psychotherapie und Hospiz - Betreuung. **Diese Informationen hatten die Antwortmaler „nicht". Nur das Initialbild, ohne Worte, ohne Befragung, ohne jegliche Information vorher.**

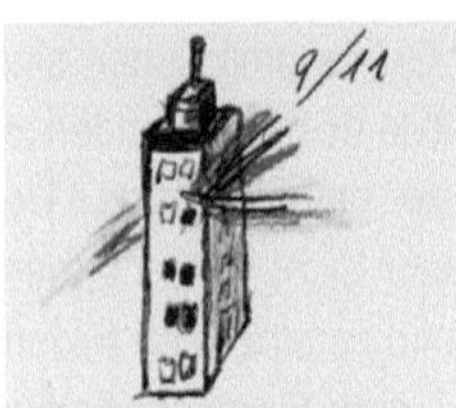

Ein Antwortbild zeigt 9 / 11

Hat alle Bilder weggelegt..

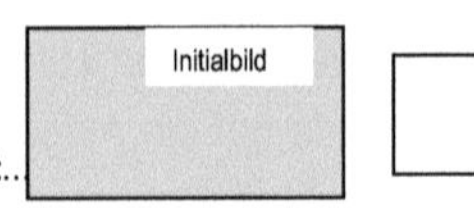

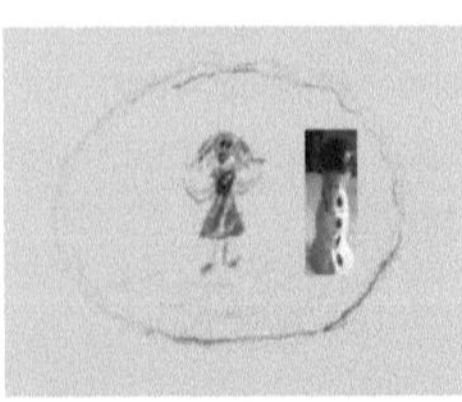

Ein Antwortbild zeigt einen Schutzkreis um ein kleines Kind
Im Prozess der Orientierung stellt die Träumende ihre Hilfsfigur für ihr **„aktuelles Selbst"** neben das kleine Kind.*(Schlüsselszene)*
Beachtet dann doch die Bilder der Gruppe

Antwortbild zeigt versöhnende Kraft der Natur für die Zukunft.

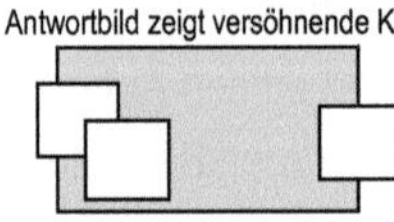

Legt bedeutsamstes- und Zukunftsbild integrativ neu aus

Als der Lege- und Orientierungsprozess beendet ist, *(mehrfach verändert)* ist die Träumende unter Tränen deutlich erleichtert und hat endlich erkannt, dass das von oben auf sie herein gestürzte Chaos im Initialbild, die *Scheidung ihrer Eltern war. Sie war vier Jahre alt.* - Eltern sind in der mystisch, mythischen Kinderwelt wie starke Türme, die alles können. Lieben, ernähren, bilden, beschenken, rumtragen, pflegen, trösten, Grenzen setzen, strafen, verlassen. Auch für die Eltern kam die Scheidung irgendwie durch eine Gewalt wie von oben, so wie aus der damaligen Erlebniswelt der Vierjährigen.

Der Aspekt einer phänomenologischen Sichtweise lässt eine Märchenidentifikation gut integrierbar erscheinen, was das Verständnis der eigenen Situation angeht. *Von einem der auszog das Fürchten zu lernen,* so könnte die Identifikation der Träumerin lauten, die in ihrem Alltag wirklich nicht ängstlich handelt und erfolgreiches Mitarbeitermanagement praktiziert hat. Außerdem stellt sie sich dem Alptraum in einer Gruppensituation. Sie litt aufgrund ihres Selbstverständnisses deshalb besonders unter dem jahrelang wiederkehrenden Traum, den sie, trotz aller Kompetenzen, nicht loswerden konnte.

Bilder prägen durch Form und Farbe - Bilder bringen Unbewusstes an die Oberfläche - Bilder kann man erweitern, ergänzen, nicht löschen - Bilder ermöglichen Nähe, Distanz und Prozess - Bilder helfen Projektionen zu vermeiden - Bilder sind authentisch, evident und integrativ - Bilder nutzten die Energie der Symbolik - Bilder sind effizient und effektiv im Rapport - Bilder beteiligen die Sinneskanäle mythisch, mystisch, magisch, rational und intuitiv - Bilder sind wie optische Protokolle - Bilder fördern Spiegelneurone, Rapport und Empathie - Bilder ermöglichen Perspektivwechsel - Wenn Worte nicht reichen, sind Bilder das Mittel der Wahl.

Fazit:

Auch für die Eltern kam die Scheidung irgendwie mit einer Gewalt von oben, wie aus der ohnmächtigen Sichtweise des Kindes. Viele Therapieansätze verzichten grundsätzlich auf kreative Methoden, setzen auf Argumentation und auf die analytisch, logische Gesprächsmethode, wenn vielleicht auch mit konstruktiven Ansätzen von Zuwendung, Ermutigung und Erlaubnis. Dabei sind Kunsttherapie, Gestalttherapie, Aufstellungen, Modellieren, Logotherapie, NLP, Psychodrama, Focusing, Transaktionsanalyse, Hypnose, EMDR oder Klopftechnik ernstzunehmende Alternativen. Durch die Speicherung der Bilder im Inneren, vermögen Worte oftmals keinen Zugang zu den wichtigen Ereignissen zu erreichen. Sprache kann auch die Beratenden verwirren und deren eigene Prägung mit dem Gehörten vermischen. Durch gemalten bildhaften Ausdruck wird der Widerstand aufgelöst und das freiwillig erstellte Produkt „Bild“ liegt offen, nicht unbewusst zwischen Therapeut und Klient. So werden Projektionen weitgehend vermieden.

Der Malende erlebt seine eigenen Fähigkeiten Dinge zu verändern, als besonders hilfreich. Er kann den Prozess autonom beginnen, steuern und beenden und braucht nicht über sein „Schwierigstes“ zu sprechen, besonders aus Zeiten, wo Sprache noch gar nicht oder nur teilweise möglich war. Dabei geschieht durch die Bildbetrachtung eine oft erstmalig erfahrbare Blickwinkelveränderung, eben jene wichtige Unterschiedsempfindung, die versöhnlich erlebt wird und Mut macht.
Berater und Therapeuten können im Prozess der Träumenden deren Reaktionen auf multi - codiert gespeicherte Erlebnisse kinästhetisch und visuell an affektiv auftretenden Bewegungsmustern ablesen. Die einzelnen Bilder aus dem Gruppenprozess können, bei Bedarf, jederzeit nachbearbeitet werden, sogar per Mail und Telefon. Ein unschätzbarer, Zeit- und kostensparender Vorteil durch Bildunterstütztes Coaching. Auch ohne Gruppenprozess können einzeln nach einander gemalte Bilder in der Sprechstunde genutzt werden. Traumbilder sind der naturidentische Weg im ganzheitlichen Visualisieren bei Coaching- und Beratungsprozessen.

Es gibt keine Einwände gegen das Malen,
außer jemand kann oder will nicht.
Prof. Benedetti, Deutsche Gesellschaft für Kunsttherapie.

Dieter Loboda, Counselor grad., Gestalt Therapeut, Buchautor, Dozent, fr. Journalist, Dr. Golotolobolollo (Clowndoktor), Schulleiter a. D., www.mac-koblenz.jimdo.com, Mittelrheinische Akademie für Coaching und Beratung MAC ®, Tel: 0171 384 1722
Literaturangabe: Bildunterstütztes Coaching, Fotos, Träume, Arbeitsplätze, Verlag für Wissenschaftliche Veröffentlichungen, Berlin. ISDN: 978-3-89574-665-9, Dieter Loboda

Die Patiententräume - Kompass zum Wesentlichen!

In allen Kulturen, ob China, Ägypten, im Altertum, in Australien, Persien, im Mittelalter oder in der Bibel finden sich Träume ebenso, wie aktuell in Therapie und Psychotherapie. Unterschiedliche Ansätze, damit umzugehen, haben sich entwickelt. Immer weiter versuchen wir in technischen Schlaflabors die Geheimnisse zu entschlüsseln. Wir kennen Albträume, Angstträume, Weissagungsträume, Tagträume, Warnträume, Todesträume, Tierträume, Zukunfts- und Erotikträume, um nur einige zu nennen. Träume sind die Briefe aus dem Unbewussten. Wir träumen ca. 150 000 Träume im Leben. *(Träume haben Vorrang, Fritz Pearls)*

Gesammelte und überlieferte Aussagen der altvorderen Experten zur Botschaft von Träumen.

- **Träume sind der Königsweg zum Unbewussten.** *(Siegmund Freud)*

- **Die Sprache der Träume führt uns zu Quellen tiefster Weisheit**. *(Erich Fromm)*
- **Der Träumende ist gleichzeitig Regisseur, Schauspieler, Kritiker, Souffleur und Publikum zugleich.** *(C. G. Jung)*
- **Eure Träume sind die Vorboten eures Könnens.** *(J. W. v. Goethe)*
- **Träume haben positive Kräfte** *(Ann Faraday)*
- **Jeder Traum hat eine heilende Botschaft** *(Dr. Helmut Hark)*
- **Träume sind autonome Aktivität zur individuellen Persönlichkeitsentwicklung.** *(Dr. Klaus Uwe Adam)*

Auch im Volksmund finden wir reichliche Hinweise über das Träumen.

- **I had a dream - Ich glaub ich träume**
- **Unser Jüngster träumt den ganzen Tag**
- **Unser Traum vom Eigenheim ist geplatzt**
- **Ich hab die Frau meiner Träume gefunden**
- **Er träumt immer noch von der großen Liebe**
- **Ich träume immer wieder das Gleiche, schrecklich**

Historisch haben sich Methoden im Umgang mit Träumen und deren Analyse und Deutung entwickelt.

- **Freud:** **Analytischer Ansatz** *(Tiefenpsychologie)*
- **Jung:** **Psychologischer Ansatz** *(Animus- Anima, Objekt-Subjekt, Symbolik, Kollektivität, Archetyp)*
- **Bisswanger:** **Ansatz der Daseinsanalyse** *(Tatsächlicher Trauminhalt)*
- **Boss:** **Phänomenologischer Ansatz** *(Zusammenhänge und Bedeutung)*

Die Schwierigkeit im Alltag besteht für den Laien darin, ohne Fachkenntnis und Erfahrung die verschlüsselte Sprache des Unbewussten zu verstehen, besonders weil der logische Verstand eine neutrale Betrachtung eher erschwert. Interessant sind Methoden, die in der Alltagspraxis zu nutzen sind. Dabei ist wichtig die richtigen Fragen zu stellen, anstatt Dinge zu vermuten, zu behaupten oder zu bewerten. Ohne Befragung der Träumenden ist eine Deutung nicht möglich. Fragestellungen ergeben sich aus den bewährten Möglichkeiten sich dem Traum zu nähern und seine Symbolik zu verstehen, die meist analytisch, rational, intuitiv und mystisch zugleich erscheint. Eine Wertung in Bezug auf Logik schießt sich bei der Traumdeutung & Beratung daher aus.

- Fragen nach Resten des Vortrages.
- Fragen zur Männlichkeit und Weiblichkeit.
- Fragen zum Traum Ich.
- Fragen zur Objektivität und Subjektivität.

- Fragen zum Traumgeschehen.
- Fragen zu den begleitenden Gefühlen.
- Fragen zu den spontanen Ideen zum Traum und dessen Erweiterung.
- Fragen zur Heilungsbotschaft.
- Fragen zur Kompensation. *(Vermeidung)*
- Fragen zur realen Situation.
- Fragen zu den Traumsymbolen.
- Fragen zum Traumziel.
- Fragen nach Synchronizität.
- Fragen nach der Häufigkeit.
- Fragen nach der Libido.
- Fragen zur Bedeutung. u. v. a.

Welche Methoden können in der Praxis mit Patienten genutzt werden? Wie kann man den Zugang zum Patiententraum erreichen, wenn man nur auf die verbale Sprache setzt? Es gibt vielfältige Techniken dem Traum näher zu kommen, der visuell, kinästhetisch und emotional daherkommt. Allein die Befragung des Träumenden erschließt einen Zugang zu den Inhalten.

Traum mehrfach erzählen. - Traum inszenieren. - Traum als Märchen schreiben. - Traum als Tonskulptur ausdrücken. - Sich mit Traumgestalten identifizieren. - Mit dem Traum in Resonanz gehen - Den Traum als Bild darstellen *(Malen)* **– 4 Quadranten - Technik imaginieren** *(3 Szenen des Traum – im 4ten Feld die Lösung malen)* **- Traum im Gruppenfeedback neu erfahren - Traum im Rollenspiel betrachten - Traumtagebuch führen - Therapie**

(Traumserien geben Aufschluss)

Hier Beispiele dreier Träume, ***(Malen besser als Reden)*** die bildhaft Botschaften der Träume deutlich machen.

Traum 1. Versuch die Traumbotschaft durch Abfrage verschiedener Methoden zu erkennen.

Gemalter Traum:
Der ehemalige Lebenspartner liegt tot im Wasser. *(War Taucher!)*

1.) **Warn- oder Weissagungstraum?**
Selbstempfindung der Träumerin (sie ruft ihn seit langer Zeit an)

2.) **Objektstufe?**
Träumerin hat am Ufer gesessen und aufgepasst, wenn der Mann getaucht war.

3.) **Traum Ich?**
Noch emotionale Verbindung zum Partner oder mütterliche Besorgtheit?
(Denk- und Intuitionsfunktion ist intakt)

4.) **4.) Archetyp?**
Mutter, Trennung, Tod, Abschied, Trauer

5.) **Assoziation zum Traumbild** *(erste Ideen, ders Atemschlauch des Tauchers)*

6.) **Amplifikation?** *(Traumerweiterung)*
Das Märchen von der „Goldenen Spange“ löst spontan Tränen aus

7.) **Subjektstufe** *(bringt die individuelle autonome Erkenntnis)*

#Traumbeispiel 2.

Ein Arzt hatte viele Jahre vergeblich versucht eine Patientin von der Notwendigkeit zu überzeugen. Die häusliche Situation, alleinerziehend, Angst Kind allein zu lassen, fehlende Erkenntnis in die Notwendigkeit. Die Patientin ist 54 Jahre alt, Adipositas, chronisch rezidivierende Bronchitis, HbA1c Wert 11, 2, Metabolisches Syndrom, trinkt viel Coca Cola, raucht reichlich und konsumiert Süßigkeiten und Fertignahrung, keine sportliche Aktivität, arbeitslos wegen häufigen Fehlens.

Sie träumt seit fünf Jahren den gleichen Traum:

Sie muss durch einen langen dunklen Tunnel gehen. Ein unbekannter Mann im weißen Kittel folgt ihr. Am Ende des Tunnels steht eine Schale mit Erdbeeren und kleinen Schüsseln. Ihr Partner schaut interessiert zu.

Sie versteht den Traum nicht, sagt sie überzeugt. **These:** Hier werden die Kräfte von Animus und Anima deutlich. Logische Argumente haben eine Änderung des Verhaltens nicht bewirken können. Soweit man dem „Weiblichen" eher ein Abwarten, Passivität, Ängstlichkeit, Mütterlichkeit, Scheu zuschreibt, kommen beim „Männlichen" Aggressivität, Mut, Handlungsbereitschaft, Strategie, Ziele, Aktivität zum Vorschein.

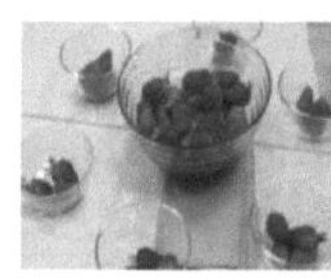

Was wird im Traumgespräch deutlich?

1.) **Der Arzt** *(Animus)* **rät ihr seit langem zur Kur**
2.) **Der Partner** *(Animus)* **schaut im Traum interessiert**
3.) **Der Mann im weißen Kittel** *(Animus)* **begleitet sie im Traum**
4.) **auf dem unbekannten Weg** *(Tunnel zur Kur?)*
5.) **Der Gesprächspartner** *(Animus)* **beim Traumgespräch ist ebenfalls männlich**
6.) **Ihr Sohn** *(Animus)* **sagt bereits öfter: „Mama du musst gesund werden"**

Zur Nachbesprechung hatte der Berater frische Erdbeeren gekauft. Die Träumerin findet im Gespräch weitere Beispiele für ihre zögerliche Lebensart, wenn es um ihre eigene Entscheidungskraft gegangen ist. Sie erkennt, dass sie ihre männlichen Anteile nicht gelebt, nicht integriert hat. *(Mutter lebte ohne Mann)* Nach zwei Tagen berichtet sie erleichtert am Telefon, dass sie mit ihrem Arzt den Kurantrag gefertigt hat.
Sie hat sich allein entschieden und kann sich erfreut dafür selbst anerkennen.

Dritter Traum.

Junger Mann, 34 Jahre. Immer sind in der Nacht Wölfe im Kampf verbissen. Er rettete sich im Traum auf eine Leiter, um nicht gefressen zu werden. Der Traum macht Angst und Schrecken beim Aufwachen.

Tierträume haben ihre eigene Symbolik, ob animalisch, jagdeifrig, instinktiv, aggressiv, verspielt, listig, wild oder ängstigend. Ein junger Mann berichtet darüber, dass er ängstlich sei, abends zu Bett zu gehen. Er hatte Angst vor dem Traum mit den Wölfen und konnte nicht mehr durchschlafen und nur noch sehr schwer in den Schlaf gelangen. Es gibt keine objektiven Zusammenhänge mit Tiererfahrungen, die den Traum erklären könnte. Er hat auch kein eigenes Haustier.

These: Symbolik und Tagesreste. Wölfe verhalten sich klug, kooperativ und kollegial. Sie jagen im Rudel, kümmern sich liebevoll um ihren Nachwuchs und wehren Feinde gemeinsam ab. Es gilt das Recht des Stärkeren. Die Wölfin regiert. Bei fokussiertem Nachfragen berichtet der Träumer dass er sehr ehrgeizig sei und vorwärts kommen möchte. Am Arbeitsplatz sind viele neue Mitarbeiter, die „umher beißen" und um Positionen kämpfen. Sein „Traum Ich" ist im Traum gesund und klug genug auf eine Leiter zu klettern und sich zu schützen. Im übertragenen Sinne zeigt die Symbolik der Wölfe dem Träumer sich auch im Alltag vorzunehmen sich zu schützen und nicht allein vergeblich zu kämpfen. Diese Einsicht bringt ihm die Erleichterung in Bezug auf Selbstverantwortung. Der Patient schläft wieder durch, weil er die Wölfe mit anderen Augen sehen kann und seine Angst endlich wieder verlorenen hat. Bei Betrachtung und Wirkung von Bildern sind Spiegelneuronen beteiligt und bewirken Trance und zeitgleiche Wahrnehmung von Konflikt und Lösung ohne Realitätsbezogenheit. Alle Zellen sind miteinander vernetzt.

Die Bilder der Träume fördern Lernprozesse. Sie stellen Energiefelder bereit, die der Logik verschlossen bleiben. Sie sind Mischprodukt zwischen Unbewusstem und Bewusstsein und transportieren Informationen und psychische Energie. *(Angstschweiß beim aufwachen)* Träume sind wie die Arche Noah, es sind alle Lebewesen an Bord, aber nicht immer alle an Deck. Dabei kommt dem verschlüsselten Geschehen der Symbolik eine besondere Bedeutung zu. Symbole sind multikomplexe, volkstümlich, religiös, kulturell und scheinbar unlösbare und polare Botschaften, die wie Packesel des Unbewussten auf Zusammenfügung angelegt sind und bei einer Lösung die kreative Erweiterung „ihrer selbst" bedingen. Zum Verständnis sei angeregt sich abends Zettel und Bleistift zurecht zu legen; mit dem Wunsch nach Träumen einzuschlafen und morgen noch eine Weile halbwach zu Ende zu schlummern und verweilen, damit die Träume erscheinen, auch wenn es nur kleine Reste sind. Sie sind unserer Beachtung unbedingt wert. Sie sind Anschauung unseres aktuellen Lebens. Wir brauchen Spürbewusstsein, Achtsamkeit und Empathie zum Verständnis der Traumbotschaften. Dann erschließen sich Spiritualität, Kompensation, Widerstände, Symbole, Traumziel, Kausalität und Finalität sowie die Bedeutung der vorkommenden Traumgestalten. Sind sie dabei mit sich geduldig beim Erforschen der Botschaften und bewerten sie nicht.

Infos unter: Mittelrheinische Akademie für Coaching und Beratung MAC ®, Dieter Loboda, Supervisor grad., Schulleiter der Unternehmerschule Rhein Lahn, Dozent, fr. Journalist, Clowndoktor, Bezirksdirektor i. R. Tel: 02621 62186, info@learnline-loboda.de

- **Was Träume sagen, wenn wir fragen,** nur im Selbstverlag

Literaturhinweise:

- **Bildunterstütztes Coaching – Fotos, Träume, Arbeitsplätze, Verlag Dr. Köster, Berlin, ISBN: 973-3-89574-665-9**
- **Die positive Kraft der Träume, Ann Faraday**
- **Die Heilkraft der Träume, Dr. Helmut Hark**
- **Symbole und Traumdeutung, C. G. Jung**
- **Therapeutisches Arbeiten mit Träumen, Dr. med. Klaus - Uwe – Adam**
- **Träume, Symbole & Homöopathie, Jane T. Cicchetti**
- **Traumarbeit, Williams**

Kleinkind mit Alptraum in der Naturheilpraxis

Die kleine Paula hat gut mitgespielt. Der Vater war beim Spielen mit entlastet und es hat Freude gemacht, trotz schlafloser Nächte. Eine medizinische Begleitung mit Spagyrik, der Medizin des Paracelsus, wurde mit eingesetzt.

(Folie aus Supervision bei Heilpraktikern, 2020)

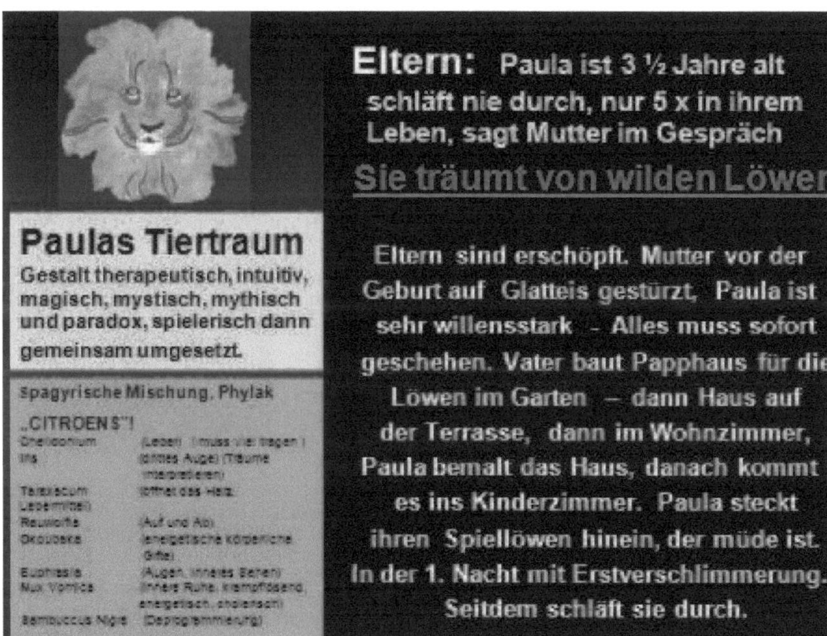

Die Träume in der Heilpraxis!

Von Dieter Loboda, Gestalt- und Hypnotherapeut, Counselor grad.

Was Träume sagen, wenn wir sie fragen, so könnte ein Satz von Samuel Hahnemann lauten, der die Träume von Patienten ins Behandlungskonzept einbezogen hat.
Träume haben Vorrang, so war die Grundeinstellung des Entdeckers der Gestalt Therapie Fritz Perls.
In Altertum, Bibel, Schlafforschung oder in moderner psychosomatischer Klinik, überall in unserer Menschheitsgeschichte hat es Träume gegeben. Im Sprachgebrauch hören wir von Traumberufen, Traumurlaub, Traumfrauen, Traumautos, Traumschiffen und Traumhäusern oder Traumstränden, an denen die Traumhochzeit gefeiert wurde. Zurzeit träumt die Welt kollektiv von Barack Obama, dem Retter aus der Krise.
Ob Männer- Frauen- oder Lebensträume, Träume sind existentielle Botschaften. Nur die Entschlüsselung fällt allzu häufig schwer und ist ohne fachmännische Unterstützung kaum zu lösen. Träume passen naturgemäß immer zu der träumenden Person und nur durch genaue Befragung kann man den verschlüsselten Inhalten, Symbolen und Zeichen der Träume näher kommen. Wenn die Botschaften verstanden werden, sind Konflikte entschärft und neues Verhalten wird ermöglicht. Man kann wieder schlafen und Ängste verschwinden.

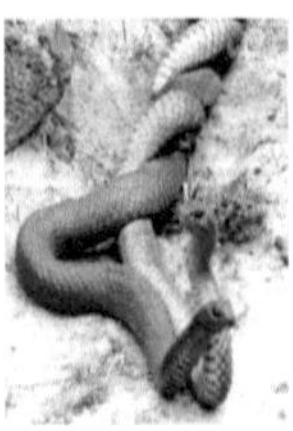

Symbole sind ihrem Ursprung nach immer multikomplex, kollektiv und zugleich auch gegenpolig. Sie erklären sich aus sich selbst. Die Schlange kann Furcht auslösen oder Hoffnung auf Heilung assoziieren, wie beim uns bekannten Äskulapstab der Mediziner.

Besonders im Patientengespräch können Träume unbewusst hilfreiche Informationen geben, die einem verstandesmäßigen Verstehen sonst verschlossen bleiben. Dabei gilt es eine besondere Technik im Gespräch anzuwenden, denn eine einfache plumpe Bewertung von Symbolen oder Botschaften zerstören die eigentliche Wirkung ihrer Bedeutung.

- **Der Traum ist der Hüter des Schlafes, sagte Sigmund Freud.**
- **Im Traum ist man Schauspieler, Regisseur, Kritiker und Zuschauer in einer Person, so C. G. Jung.**
- **Dr. Helmut Hark spricht jedem Traum eine heilende Botschaft zu.**
- **Der Traum ist ein autoregulativer Integrationsprozess des psychischen Unbewussten und dient damit dem Individuationsgeschehen. (Dr. med. Klaus- Uwe Adam)**

Ein Fragespiegel mit mehr als 120 Fragen zur Analyse und Beratung von Traumbotschaften gehört zum Handwerkszeug in der Praxis. Mit dem Bildunterstützen Coaching werden gemalte Patientenbilder aus Träumen als Kompass zu Problem, Krise und Heilung genutzt. Bilder sind „multi – codiert" in Verbindung mit all unseren Zellen abgespeichert. Sie wirken gleichzeitig rational, mythisch, mystisch, instinktiv und integrierend in ihrer Bedeutung.
Durch Sorgfalt und Gewissenhaftigkeit bei der wertfreien Bildbetrachtung, (wirkt wie leichte Trance) können somatische Marker und affektmotorische Schemata innerhalb von Millisekunden Muster erkennbar machen.

Die Traumdramaturgie

- Ausgangslage
- Verwicklung
- Zuspitzung
- Spannung
- Lösung

Das Besondere an der Traumfortbildung: Die Teilnehmer können per Mail und Phone Bilder diskutieren, bevor der nächste Patientenkontakt erfolgt. Vielleicht entsteht ein Arbeitskreis zur einer interdisziplinären und kollegialen Fallberatung aus den Gruppen, die zurzeit noch in diesem Jahr in Regensburg, Mannheim, Karlsruhe, Mainz und Koblenz in Kooperation mit der Paracelsusschule durchgeführt werden. Natürlich können interessierte Teilnehmer Träume mitbringen, auch wenn sie noch so klein und unbedeutend erscheinen.

Aus der Forschung:

Der Chemiker Kekule hatte nach hunderten von vergeblichen Versuchen, die chemische Formel von Benzol zu finden, einen Traum von einer Schlange, die sich in den eigenen Schwanz biss. So fand er heraus, dass die Moleküle sich im Kreis ordneten.

Aus der Bibel:

Die Frau des Pilatus, träumte (leider vergeblich) Jesus sei unschuldig. Die Reise nach Ägypten wurde im Traum vorhergesagt.

Aus dem Praxisalltag:

Eine Heilpraktikerin träumte, nachdem der Patient ihr seinen Traum einer verstopften Gieskanne auf deren Ausguss sich Fliegen gesammelt hatten, während der telefonischen Terminvereinbarung berichtet hatte, in der Nacht danach von einer Pflanze, die man Cantharis nennt. Im Anamnesegespräch erfuhr sie dann von einer schon länger andauernden Prostatabehandlung. Sie behandelte sie den Patienten mit der „Spanischen Fliege" (Cantharis) und die Beschwerden gingen zurück.

Vom Stress am Arbeitsplatz:

Eine junge Frau berichtet darüber, dass sie ängstlich sei abends zu Bett zu gehen. Sie hatte Angst vor dem wiederkehrenden Traum mit dem Wölfen und konnte nicht mehr durchschlafen. Immer waren im Büro Wölfe im Kampf verbissen. Sie rettete sich im Traum auf eine Leiter, um nicht gefressen zu werden.

Schnell verstanden die anderen Teilnehmer der Traumsprechstunde wie klug Wölfe sind. Sie jagen gemeinsam, haben eine klare Hierarchie untereinander, kümmern sich verlässlich um ihre Jungen und wehren Feinde gemeinsam ab. Das Recht des Stärkeren ist die geltende Norm. Es gibt im Lebensumfeld der Träumerin keine objektiven Zusammenhänge mit Vierbeinern. Bei näherem Nachfragen zur Person wurde klar, dass die Träumerin sehr ehrgeizig ist und vorwärts kommen möchte. Am Arbeitsplatz sind viele neue Mitarbeiter, die „umher beißen" und um Positionen kämpfen. Das „Traum - Ich" der Träumerin war so klug auf eine Leiter zu steigen, um sich zu schützen. Das hat sich die Träumerin auch vorgenommen und sie will am Arbeitsplatz besser auf ihre Empfindungen achten und nicht „mit kämpfen". Erleichterung, die Angst vor den Wölfen ist verschwunden und sie kann wieder durchschlafen.

Karrieretraum & Partnertraum mit Warnung

Ein erfolgreicher Dreißigjähriger, der aktuell mit der Promotion beschäftigt ist, erhält ein Angebot zum Professor zu werden. Die Bedingung ist der Umzug in ein europäisches Ausland. Seine etwa gleichaltrige Frau hat ein 1 ½ jähriges Kind in der KITA und ein vier Wochen altes Baby zum Stillen. Der Wunsch nach Globalisierung und deren Chancen trifft diametral entgegengesetzt aufeinander. Der Mann träumt von einem Weltraumflug, bei dem sich Teile der Maschine lösen und die Familie treffen. Er erwacht schweißnass. Seine Frau träumt, dass sie in großen Räumen ihr Kind nicht wieder findet. Tagsüber ist sie unruhig und ratlos, wie sie sich verhalten soll, weil sie nicht von Freunden wegziehen will.
Ist die Botschaft der zeitgleich unabhängig voneinander geträumten Szenarien nun Kollateralschäden in Kauf zu nehmen, oder die Zeit der Nestwärme abzuwarten und später die Karriere zu suchen? Jedenfalls ist das „Denk Ich" intakt und warnt vor einem naiven unachtsamen Vorgehen. Mit dieser Entscheidung ist die junge Familie jetzt allein.

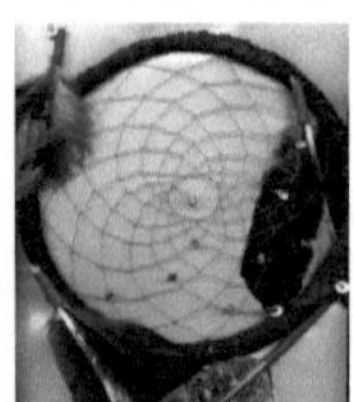

Was im Traum möglich ist, sieht man bei den Ureinwohnern in Australien. Sie brauchen keine Demokratie, denn sie träumen im Kollektiv vom neuen Häuptling.

Vorabinfo: Praxis für Traditionelle Abendländische Medizin, **Dieter Loboda Tel: 02621 62186** Bodewigstraße 32, 56112 Lahnstein.

Am 11. Dez. 2018 findet ein Workshop zum Thema statt. Interessenten melden sich bitte in der gewohnten Form beim Verband.

Mail: info@learnline-loboda.de

Früherinnerungen – Negative Muster – Resilienz

Die Menschen sind dran gewohnt, dass ihr Verhalten irgendwie, je nach Person, ganz normal empfunden wird. Negative Verhalten wiederholen sich, obwohl wir wissen, dass es besser gehen kann. Wir verzeihen Nahestehenden etwas, sind aber oft nachtragend bei anderen, beleidigt oder gekränkt. Dazu muss man sich allerdings entscheiden, denn Kränkungen sind kein Automatismus. Ein bewährtes Modell zum erkennen negativen Verhaltens und der Selbstwirksamkeit sind Früherinnerungen.

Sieben Früherinnerungen sind, wie folgt, zu sammeln

Alter	Erlebnis	Inhalt	Emotionale Bedeutung
5 Jahre	**Freizeit**	**Radtour mit Vater Vater hat sich verfahren ich wusste den Weg**	**Selbstsicherheit, Ermutigung, Anerkennung und auch Ängstlichkeit**
1			
2			
3			
4			
5			
6			
7			

Zum Schluss wird die wichtigste Erfahrung im Rollenspiel dargestellt

Dabei reicht aus, symbolisch ein Zimmer so ähnlich umzuräumen, das es der erfahrenen Situation am ehesten entspricht. Vertraute Personen sprechen Worte der Originalpersonen von damals nach. Das Spiel wird lebendig inszeniert und der Erzählende schildert seine Empfindungen in ruhiger Atmosphäre.

Bildgestütztes Coaching – Nur Fragen erbringen die Lösung

In der Komplexität des Zusammenlebens in Familie, Beruf, in Gruppen und bei Organisationen sind Konflikte normal. Sie bieten Chancen, soweit man sich nicht nur auf Argumentationen stützt. Argument bedeutet übersetzt „Waffe". In der Sozialforschung wurde festgestellt, dass früh erlerntes Verhalten für mal empfunden wird. In gruppischen Zusammenhängen verursachen sie allerdings Störungen. Wenn man diese nicht angeht, bleiben Konflikte unterschwellig in Aktion. All unser Denken geschieht in Bildern. Gemalte Bilder bringen unbewusste Motive hervor, magisch, mythisch, intuitiv, rational. Beispiel für eine Bildüberschrift. Wachsmalstifte. DIN A 3 Blätter Ausreichend Zeit für die ganze Gruppe

Mein ich in Leben und Beruf

Die Fragen in zyklisch wiederkehrender Zusammensetzung als Paar, Dreiergruppe, zu viert im Plenum. Erste Runde: Bild des Partners interpretieren, vermuten, raten was gemalt wurde. Dann erst spricht der „Maler". Danach wird das Bild getauscht. Zweite Runde: Was sagt mein Bild über mich aus? In Dreiergruppe- Bild dabei haben Dritte Runde zu Viert: Auf welche Konflikte deutet mein Bild? Jedes Bild wird besprochen
Vierte Runde zu sechs Personen: Fünfte Runde: Offene Fragetechnik zur Bedeutung

- **Welchen Namen könnte das Bild erhalten?**
- **Was ist für Sie der wichtigste Aspekt im Bild?**
- **Welches konkrete Gefühl begleitet das Bild?**
- **Was bedeutet das Bild für Ihre Lebenssituation?**
- **Welche mögliche Perspektive zeigt das Bild?**
- **Auf was deutet das Bild in Bezug auf die Berufliche Situation hin?**
- **Was könnte das Bild zurzeit noch verbergen?**

Bei genauem Hinsehen hat die Leitungsfigur die Augen geschlossen. Kinder haben keinen Mund. (sprechen gefährlich) Haben Herzen für einander. Kommen aus dem Dunkel und über Abgrund, streben zur Natur. Halten einander. Bild nach Kölner U - Bahnbau und Einsturz der Bibliothek. Lehrerin holt Schüler aus wackelnder Schule.

Was man in Beratung und Therapie macht

Ende der Beratung o. Therapie rechtzeitig anzeigen - Ständig visuell bilanzieren
Gefühle anerkennen und oder bestätigen - Eigene Gefühle rückmelden
Ev. Abbruchwunsch respektieren - Selbstkritische Reflexion - Angemessene Kontaktaufnahme - Unvereinbare Ziele konfrontieren - Ärger und Kritik offen und konstruktiv benennen - Werte und Abweichungen abwägen - Klare offene Blick- und Körperhaltung - Klartext sprechen und Bedenken benennen - Eigene und fremde Grenzen akzeptieren - Kollegen für Kontakte bereithalten - Wenn nötig ärztliche Diagnose einholen - In kleinen Schritten vorgehen - Anforderungen ggf. reduzieren
Eigene Gefühle beachten - Intellektualität tolerieren und oder konfrontieren - Auf Körperwahrnehmung achten - Sinnorientierung stets würdigen - Regeln verabreden und einhalten - Honorar klar vereinbaren - Beziehung klären - Feedbackregeln benennen
Verantwortung beim Gegenüber lassen - Professionelle Distanz - Frustrationstoleranz fördern - Probleme konkret benennen - Alternativen mit Begründung aufzeigen - Private Einladungen freundlich sachlich ablehnen - Negativen Gefühlen Raum geben - Eigene Grenzen erlauben - Raum für Kränkungen ermöglichen - Menschlich agieren - Schweigen ermöglichen - Genaue Beobachtungen und Wahrnehmungen - Ängste abklären Entspannung fördern Konkrete Vereinbarung treffen - Im Notfall Notfallplan machen - Bisherige Erfolge würdigen - Methoden als Alternativen anerkennen
Schweigepflicht akzeptieren und würdigen - Kontakte mit Supervisionen - Einhalten von Settings und Regeln - Störung besprechen - Streit früh unterbrechen

Was man in Beratung und Therapie nicht macht

Abschied verzögern oder hinauszögern - Abwertungen wegen Abschluss nötigen
Privatbeziehung eingehen - Beleidigt oder gekränkt handeln - Sich Schuld- und Selbstvorwürfe machen - Klientenwunsch ignorieren - So tun als ob nichts wäre mit den Werteunterschieden - Wegschicken ohne Lösungsidee - Unterwürfige Entschuldigungen
Ablehnung wegen fehlendem Status (Money, etc.) - Aggressionen selbst heftig beantworten - Unsicher oder zweifelnd reagieren - Um den heißen Brei herumreden
Einschüchtern oder Bedrohen wegen Fehlverhalten - Sich unter Druck setzen lassen
Vorwürfe wegen langsamem Verlauf machen - Hilfreiche Aktivitäten aufgeben - Alles für den Ratsuchenden übernehmen - Machtkämpfe und Rechthaberei vermeiden - Innerliches Abschalten - Diskutieren über Honorar - Feilschen über Geld - Schuldgefühle zeigen - Verhalten negativ vorführen - Machtrolle ausnutzen - Selbstwert vom gegenüber abhängig machen - In Gefühlen mitschwingen - Beschwichtigungen anwenden - Verantwortung übernehmen - Gefühlsausbrüche anwenden - In Privatsphäre eindringen
Bei Übertragungen übertrieben agieren - Lügen wegen Scheu vor Wahrheiten - Wegen Peinlichkeit aggressiv handeln - Verschanzen hinter Berufsverband oder Institution -

Überhastet reagieren - Ständiger Themenwechsel - Verschachtelte Sätze anwenden - Tabu - Themen vermeiden - Im Notfall naive Überzeugungen versuchen - Methoden vergleichen - Überlegenheiten beweisen wollen - Informationen und Diagnosen unkritisch übernehmen - Handlungen abseits der Therapie - Dramatisieren von Zuwendungsversuchen - Unkritisch Verantwortung übernehmen - Sich verbünden und verbrüdern

Diese Aufzählungen zeigen dass Gespräche Beratungen, Therapie, Coaching, Supervision, Kooperationen besonders multikomplex sein können. Konflikte sind vorprogrammiert. Deshalb sind gemalte Bilder von persönlichen Einstellungen und Wertvorstellungen besonders geeignet, Klarheit zu schaffen. Worte treffen auf innere Bilder und können unbeabsichtigt Konflikte auslösen oder berühren. Bilder können durch Spiegelneuronen intuitiv erfasst werden und liegen als Produkt zwischen den Partnern. Deshalb sind Projektionen weitgehend vermieden.

Carl Gustav Jung hat uns etwas sehr Entscheidendes hinterlassen.
Psychotherapie ist das Abtragen der Alpen mit einem Kaffeelöffel.

Das am Häufigsten vorkommende
Verkehrsschild in Beratungssituationen ist ein Stoppschild.

Der kleine Werkzeugkoffer

Beratende, Psychotherapeuten, naturheilkundliche, auf Sinn und Wahrnehmung bezogene und an Coaching orientierte Behandelnde brauchen professionelle Interventionstechniken für alltäglich wiederkehrende schwierige Gesprächssituationen.

Spontanskizze fertigen
Flipchart Visualisierung
Literaturanregungen mit persönlicher Affinität
Märchen schreiben
Schweigeminuten
Tonskulptur
Metapher finden
Sieben Früherinnerungen mit Inszenierung
Identifikation

Imagination
Testfragen
Konflikt – Körperbild - Zukunftsvision malen
Analoge Markierung
Mehr – Stuhl - Model mit Wetterstation
Positive Visualisierung
Selbstsicherheitstagebuch
Belohnungsstrategie

Interventionen

Ignorieren
Tolerieren
Akzeptieren
Paradox Intervenieren
Projektion zurückweisen
Reklamation vorbringen
Mitspielen
Übertreiben
Thematisieren
Vertrag mit dem Selbst

Shadowing
Advocatus Diaboli spielen
Traumtagebuch führen
Wochenplan
Tagesplan
Telefoncoaching
Videoanalyse
Lebenslauf visualisieren
Skriptgeschichten
Selbsthypnose
Tonbrett
Anekdoten und Witze

Gesprächstherapie
Familienaufstellung
Dynamische Rollenklärung
Medikamentierung
Klinikaufenthalt
Kur
Rehabilitation
Eutonie
Feldenkrais
Homöopathie
Spagyrik
Bach – Blütentherapie

Yoga
Meditation
Tai Tchi
Psychodrama
Gestalttherapie
Transaktionsanalyse
NLP
Kinäsiologie
Kunsttherapie
Musiktherapie
Tanztherapie
Hypnotherapie

Unterscheidungen

Beratungspädagogik ist **<u>zielgerichtete, Prozess- und Struktur orientierte, sinnvoll organisierte Lernform</u>**
bei beruflichen und persönlichen Aufgabenstellungen.
Sie befähigt den Klienten, außerhalb medizinischer, psychologischer oder sonstiger fachspezifisch orientierter Beratung hinaus mit strukturell, systemisch, pädagogisch- und therapeutischem Wissen, zu einem lösungsorientierten und selbständigen Denken und Handeln.

Beratung ist individuelle, **<u>prozessorientierte</u>**
Begleitung zum persönlichen Wachstum einer Person
Coaching ist **<u>lösungsorientierte</u>** Förderung
und Entwicklung der vorhandenen individuellen Ressourcen und die autonome Stärkung von Selbstwirksamkeit und Leistungserlebnis
Supervision ist auf **<u>Reflexion angelegte</u>** Beratung
und Intervention in Bezug auf das jeweilig „relevante" System
(Person, Gruppe, Familie, Team, Organisation)
Mediation ist die **<u>Unterstützung</u>**
von Parteien in einem <u>freiwilligen</u> Konfliktlösungsprozess,
damit diese selbst zu eigenständigen Lösungen kommen können.
(Ohne Sucht und oder Kriminalität)
Counseling ist als **<u>pädagogisch / therapeutische</u>**
Beratungstätigkeit zu verstehen, bei der eine dafür ausgebildete Person, aus unterstützender und wohlwollender Haltung heraus, zu Problemen und Fragestellung bzgl. der Berufs- Familien- und oder Lebensführung kooperativ wirkt, ohne im psychodynamischen Sinne dieselbe aufzuarbeiten
Therapie ist **<u>postdiagnostische Behandlung</u>**
von Krankheit mit Linderungs- oder / und Heilungsziel
<u>(Nur in ärztlicher Hand oder HP, HP psych. und von Dipl. Psychologen)</u>

Es liegt in der Natur der Sache, das weder vorherzusehen ist, warum und mit welchem Lebenshintergrund ein Klient zur Beratung kommt, noch ist zu kalkulieren ob im Prozess des Gespräches eine Situation eintritt, die eine Therapie erfordert, oder gar eine Krisenintervention. Deshalb ist ein schriftlicher Beratungsvertrag sinnvoll, der bestimmte Situationen beachtet, etwa vorhandener Tablettenkonsum, bestehende psychotherapeutische Behandlung oder Diagnosen und oder auf die Grenzen der Beratung (keine Heilkunde)hinweist. Die ausschließliche Anregung von Selbstheilungskräften (Geistheilung) ist erlaubt, ohne die HP Zulassung. (Bundesgerichtsurteil)

Die Idee der Supervision

Supervision könnte man als Methode zur Lösung berufsbedingter Interaktionsprobleme bezeichnen. Sie kann u. a. sowohl Einbindung - Zuwendung - Abgrenzung - Lösung - Arbeitsfähigkeit - Teamförderung - Kooperation - Kommunikation - Konfliktlösung und Verbindlichkeit ermöglichen. *Ehemals galt Supervision als Firmen- und organisationsinterne Methode zur Kontrolle und Wiederanpassung an den Bedarf des jeweiligen Systems.*

Möglichkeiten zur Arbeitsplatzzufriedenheit

Der Helfer geht zum Supervisor und berichtet
Mehrere Helfer mit gleicher Tätigkeit suchen einen Supervisor auf
Ein Team geht gemeinsam zur Supervision
Ein Supervisor arbeitet in fester terminlicher Reihenfolge
Der Vorgesetzte supervidiert selbst
Der Supervisor ist Kollege mit Qualifikation
Mehrere Kollegen treffen sich regelmäßig
Es finden Kleingruppen in eigener Regie statt
Mehrere Kollegen treffen sich mit artverwandten Berufen
Der Supervisor sitzt im Raum oder hinter der Einwegscheibe

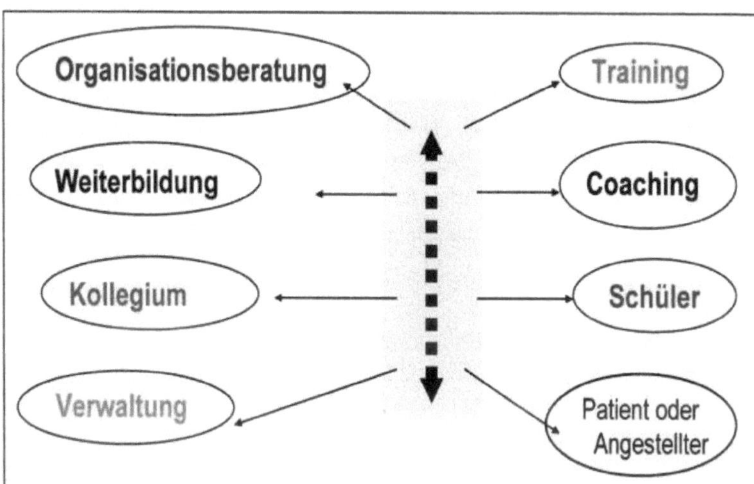

Supervision ermöglicht Klärung, Problembewältigung und Ressourcenaktivierung, Führungsqualität, Wegbegleitung, Methodenkompetenz *(ohne Therapie)* **für Menschen in Systemen mit Aufgaben und Rollen in Organisation, Abteilung und oder Privatleben.**

Aspekte der Verhaltenstherapie im Klienten- und Patientenkontakt

Verhalten, wie das Wort schon sagt, geht von sich verhalten aus, das wiederum wird, wie wir heute wissen, nicht mehr von frühkindlichen Lernmustern bestimmt, sondern ist bereits im Mutterleib mit angelegt. Ereignisse, Krisen, emotionale Erfahrungen der Mutter prägen durch die neu benannte Bindungstheorie schon früh die Erlebnisse des Ungeborenen. Klienten und Patienten mit Bindungs- und Beziehungsproblemen brechen häufig Therapien ab. Die bisher geltende These, möglichst distanziert, ohne Emotionen und eigene Gefühle sachlich im Kontext mit dem Klienten zu handeln, wird in Frage gestellt. Gerade die Empathie, Einfühlungsfähigkeit und Persönlichkeit des Therapeuten garantieren dem misstrauischen und scheuen Klienten einen echten und aufrichtigen Zugang zu sich selbst, eben durch die emotionale Verbindlichkeit, die über längeren Zeitraum eine neue kalkulierbare Qualität erhält. Methoden sind nicht ausschlaggebend. sondern die Person des Therapeuten. *(Universität Palo Alto)*

Diese Resonanz vermag im Zeitalter der Individualisierung, Beziehungsverarmung und Orientierungslosigkeit und Werteinflation Heilung zu bewirken. Fast 50% Scheidungsraten und immer mehr soziologisch begründbares Gewaltverhalten von Jugendlichen und die rasant zunehmende Anzahl von Kaiserschnittgeburten können in diesem Zusammenhang gesehen werden. Bindungsarmut ist das Stichwort.

Erfolgreich lässt sich dann beraten, wenn man z. B. Fragen zur selbst erlebten Bindung im eigenen Leben des Klienten oder Patienten abfragt. Wenn Beziehungsstörungen, Autoritätskonflikte, Selbstzweifel, Distanzgefühl, sozial emotionale Schwankungen wiederholt und über längeren Zeitraum gehäuft auftreten, können folgende Fragen hilfreich sein. Auch ohne Sprache mit gemalten Situationen können therapeutisch hilfreich genutzt werden. Übertragungsphänomene werden damit meist vermieden.

Mögliche Vorgehensweise:

- Wie beschreiben Sie die Beziehung zu Ihren Eltern, nach ihrer frühesten Erinnerung?
  Die Art der Erzählung wird beobachtet (flüssig, unterbrochen zusammenhängend oder verschachtelt) Die subjektive Verarbeitung wird dabei beachtet und kann Rückschlüsse geben auf die Art des individuellen Umgangs mit den damaligen Empfindungen (Geschichten im Kopf).
- Welche 5 Eigenschaften beschreiben treffend die Beziehung zur Mutter in der Kindheit
- Desgleichen die Eigenschaften in Bezug auf den Vater
- Was haben sie als Kind getan, wenn sie beunruhigt, irgendwie durcheinander oder sich nicht wohl gefühlt haben?
- Wie haben sie sich als kleines Kind zurückgesetzt gefühlt?

- Wie wurden sie jemals von den Eltern mit etwas bedroht – auch nur zum Spaß?
- Wie ist Ihre Beziehung zu den Eltern heute?
- Besonders hilfreich sind 7 Früherinnerungen, bei denen man die Wichtigste im Rollenspiel, auch in Gruppen inszeniert.

Wissenschaftler, die sich mit Bindungstheorie, Sozialisation und Entwicklungspsychologie beschäftigt haben
Dr. Mechthild Papusek - Dr. Marianne Krüll - Prof. Dr. Hüther – David Rowe - Prof. Allen Schore - John Bowlby, Eva Slater, Rainer Rehberger – Joachim Bauer - Prof. Dr. Oerter - Dr. Kain Grossmann – Jeffrey Young – Rainer Silbereisen – Meistermann – Piaget
Beobachtbare Verhaltensschemata mit stets wiederkehrender Selbstabwertung – „ohne" wirksame Erklärungsmöglichkeiten.
Man könnte es mit Schicksalskette oder biographischer Falle bezeichnen. Dabei haben die Betroffenen stets den **festen** Glauben, dass es eben **genau so** ist, wie sie es **selbst** wahrnehmen.

***Menschen werden als Prinzen und Prinzessinnen geboren, bis sie die Umwelt (z. B. Eltern) in Frösche verwandelt. Das Ziel einer jeden Therapie ist es, sie wieder in Prinzen und Prinzessinnen zu verwandeln.* (Eric Berne) - *Ich behandle nicht die Depression, sondern den Menschen.* (Milton Eriksen)**

Verhaltenstherapie *(Wörterbuch zur Psychologie)*

Die Verhaltenstherapie ist nach der Definition von Eysenck die Gesamtheit aller therapeutischen Verfahren, die auf eine Veränderung des gegenwärtigen Verhaltens, **nicht aber auf eine Aufdeckung seelischer Konflikte** gerichtet sind. *(erstaunlich, weil heute nachgewiesen ist, dass Psychotherapie nicht nur Gehirnstoffwechsel beeinflussen, sondern auch körperliche Strukturen wiederherstellen kann.)* Verhaltenstherapie ist Anwendungsbereich von Lerntheorien und Techniken des Konditionierens. Dabei gelten die Störungen des Klienten als Abhängige und die das „Verhalten kontrollierende Reize" als unabhängige Variablen gesehen. Die Strategie: Die unabhängigen Variablen werden durch Neu- Um- und Verlernen neu konditioniert.

Beispiele

- **Bettnässen durch Klingeltöne**
- **Autistisches Verhalten durch positive Verstärkung**
- **Perverses Verhalten und Süchte durch Bestrafung**
- **Gehemmtheiten mit Desensibilisierung**
- **Ängste und Phobien durch Kombinationen von Symptombekämpfung**

Gefördert werden diese Verhaltensschemata durch:

- Traumatisierung
- Missbrauch
- fehlende Zuwendung
- unsichere Bindungen
- Übermäßigkeit im verwöhnt werden
- fehlende Grenzerlebnisse

Prägungen

- Verlassenheit
- Misstrauen
- Abhängigkeit
- Emotionale Entbehrung
- Genug ist nie genug
- Unterwerfung
- Überzogene Erwartungen
- Anspruchshaltung / Grandiosität

Typische sich wiederholende Aussagen:

- Mir wächst alles über den Kopf
- Das schaffe ich nie
- Wie soll ich das allein machen?
- Meine Bedürfnisse sind nicht wichtig
- Ich muss perfekt sein
- Ich muss alles kontrollieren
- Andere sind mir egal

Auswege:

- Wiederkehrende Situation identifizieren
- Situation neu nacherleben und wertfrei beobachten
- Das innere Kind erhält eine Stimme (etwa im Brief)
- Widerlegen der alten Glaubensüberzeugung durch reale Veränderungsbeispiele
- Verhaltensmuster aufbrechen (paradoxe Intervention)
- Verankerungen mit vorhandenen Ressourcen
- Akzeptanz der biographischen Ereignisse

Damit Prägungen nicht Schicksal werden:

- Akzeptieren was gewesen ist
- Auf die innere Stimme achten
- Sich um das eigentliche Selbst kümmern
- Erinnerungen überprüfen
- Den Eltern verzeihen (Nicht entschuldigen)
- Sich mit der Biographie aussöhnen
- Eventuell Hilfe einholen

Moderne Verhaltenstherapie

EFT (Emotional Freedom Techniques) - *(Psychologische Akupunktur)*

Wenn man die „Moderne" beschreiben soll, bleibt es nicht aus historisch zurückzublicken, eine Beweisführung zu bemühen und eine Wahrscheinlichkeit in Bezug auf Zukünftiges zu begründen. Stattdessen möchte ich Wesentliches zusammenfassen, um eine Gesamtheitlichkeit anzumahnen, ohne die Gesundheitsförderung nicht möglich wird. Die vier Ebenen des Lebens und die drei Zustände zeigen unmissverständlich die Zusammenhänge auf.

Gedanken - Worte - Gefühle - Handlungen *(in individueller und kollektiver Bedeutung)*

Negativer Gedanke > Energieblockade > Symptom - *(Aufhebung der Blockade durch Unterbrechung)*

Daraus ergeben sich eine Selbstverantwortung zum eigenen Sein und die Erkenntnis, dass ungelöste und deshalb festgehaltene Blockaden (unbewusst) aus Schuld, Scham, Angst u. ä. Ursachen für spätere Krankheitsbilder zur Folge haben können. Also eine Gesamtheitlichkeit (Körper, Geist, Seele) die immer emotional, körperlich und mental wirkt. Neuere Methoden wie ***NLP, EMDR, Kinesiologie, Akupunktur*** haben Ergebnisse erbracht die inzwischen anerkannt sind. Besonders bei der Behandlung von Traumata oder Posttraumatischen Belastungsstörungen, Ängsten, Schmerzen, Sucht. Erwähnenswert hier noch die Erforschung der

Psycho – Neuro – Immunologie und neue Gehirnmessungen, die uns zeigen, dass Worte gleiche Botenstoffe auslösen können, wie ein chemisches Präparat. Zunehmend sehen wir weltweit eine Zunahme von Formen der Kurzzeittherapie.

Dr. Roger Callahan hatte vor ca. 30 Jahren bereits eine revolutionäre Entdeckung gemacht.

Wissend über die Bedeutung der Merianpunkte des Körpers und des Energiesystems gelang es eine wesentliche Vereinfachung dieser Multikomplexität zu erreichen. **Gary Graig** vereinfachte die Methode und reduzierte Hunderte Merianpunkte auf ein Klopfsystem, welches sich auf wenige Punkte der Akupunktur beschränkt. Nicht mehr die Symptome allein sind wichtig, sondern die zugrunde liegenden Blockaden, die den Energiefluss im Körper verringern, stören oder verhindern. **Am Beispiel eines Lichtausfalls lässt sich das Phänomen erklären. Zunächst tauchen wir die Glühbirne aus, dann suchen wir einen Defekt des Schalters, danach überprüfen wir alle im Haus befindlichen Leitungen, schließlich gehen wir in den Keller und sehen eine defekte Sicherung**.

EFT geht direkt die Sicherung (Blockaden, die uns das Symptom zeigen) an.

Die Thesen:

- Kampf gegen das Symptom vermeiden
- Akzeptanz durch geistige Entscheidung
- Trennung von Erinnerung und damit verbundenen Emotion
- Nutzung der Gehirn eigenen Funktionsmuster (z. B. Keine Zeitunterscheidung)
- Bedeutungsvolle Ereignisse verbleiben als Blockade in der Körpererinnerung zurück
- Fehlende Erinnerungen können keine Unterbrechung des Energiesystems verursachen
- Jedes Problem hat mehrere emotionale Wurzeln
- Glaubenssätze verhindern Energiefluss
- Klopftechnik kann Blockaden lösen
- Klopfkreisläufe aktivieren dass Gehirn
- Augenbewegungen verbinden beide Gehirnhälften
- Positive Affirmationen beugen Selbstboykott vor
- Schnelligkeit und Effektivität sind Erfolgsmerkmale
- Alle Ebenen werden beachtet (körperlich, mental, emotional)
- Störungen müssen präzise benannt - Vereinbarungen treffend beschrieben werden
- Einzel - Selbst- und Gruppenanwendung sind möglich
- Blockaden sind nicht mental, sondern energetisch bedingt

Der Prozess von EFT

Problem im Gespräch genau beschreiben
Skalierung visualisieren (z. B. als Zahlenstrahl)
Einstimmungssatz finden - treffend formulieren – davon die Kurzform klopfend ständig sprechen

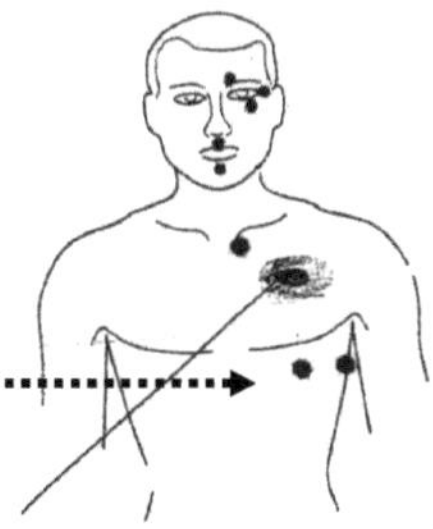

Sequenz I

Zone massieren - Satz dreimal wiederholen

Sequenz II

Alle Punkte klopfen mit Kurzform des Satzes

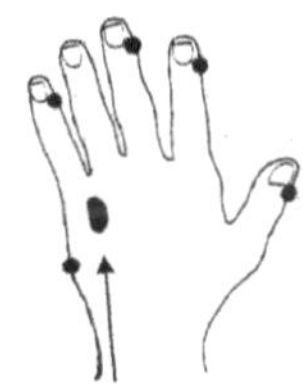

Sequenz III *(Gamut)*

- Augen zu
- Augen auf: links unten – rechts unten
- Augen rollen links und recht herum
- Melodie summen ***(z. B. you are my sunshine)*** *Unterarm, Schädelchackra, Innenknie*

als Zusatzpunkte nutzen

- Laut von 5 bis 1 runterzählen
- Melodie summen

Ziel:
Lösung von
Glaubenssätzen
und Energieblockaden

Sequenz IV von

Klopfsequenz aller Punkte, Kurzform sprechen

Sequenz V

Skalierung erneut abfragen

Sequenz VI

Alten Einstimmungssatz wiederholen stets in Kurzform

Ggf. neuen Satz formulieren und mit EFT Durchgang neu beginnen

(Klopfen von oben nach untern – eine Körperhälfte reicht aus.)

Miniliste der Anwendungsgebiete:

Stress, nervöse Disharmonien, chronische Schmerzen, funktionelle Beschwerden, Allergien, Stoffwechselstörungen, chronische Müdigkeit, Süchte, Grübelzwang, Innere Unruhe, Erfolgsblockade, Leistungsblockaden, Emotionale Konflikte, Scham, Ärger, Wut, Schuldgefühle, Eifersucht, Traurigkeit, Verzweiflung, Figurprobleme, Suizidgefahr, u. a. ***(für Laien: nicht bei Krankheiten anwenden)*** *Tausende Anwender weltweit sammeln laufend Ergebnisse im Internet. www.emofree.com ohne Copyright. Studien: Wells Studie, Australien - Swingle- Studie, Las Vegas - Joachquin Andrade, Südamerika*

„EFT" ist wie eine psychologische Akupunktur!

Beispielsätze zur Einstimmung

(nur nach zielgerichtetem Gespräch mit abgefragter Skalierung - variabel einsetzbar)

***Ich liebe und akzeptiere mich voll und ganz**: Auch wenn ich Kopfschmerzen habe,*
Auch wenn ich wütend bin, ***dito***
Auch wenn ich nicht glaube, das EFT bei mir hilft.... ***dito***
*Auch wenn ich es nicht für möglich halte, dass ich mein ziel erreichen kann...****dito***
Auch wenn ich Angst vor Veränderung habe... ***dito***
Auch wenn meine Frau zurzeit keinen Kontakt mit mir wünscht... ***dito***

Erlaubnissätze
(Im Verlauf der Sitzung passend machen – auf Karatepunkt an der Hand klopfen)

Auch wenn andere damit Probleme haben, werde ich freier werden

Auch wenn ich glaube bei der Prüfung nicht gut zu sein, tue ich....

Auch wenn..... entschließe ich mich....

Auch wenn ich... entscheide ich mich....

Auch wenn ich noch nie ... werde ich....

Auch wenn es mir nicht zusteht ....handle ich ....

Ich erlaube meinem Herzen ohne Schmerz zu sein

Ich erlaube meinem System angstfrei zu sein

Ich verzeihe.... Was mir durch....geschehen ist

Ich erlaube meinem Körper ohne Leid zu sein

Kurzformbeispiele beim Klopfen

(immer alle Punkte wiederholt klopfen bis Skalierung auf möglichst Null – erneut abfragen)

- Dieses Gefühl von Trauer
- Diese Tränen
- Mein enges Herz
- Dieser ewige Schmerz
- Mein saurer Magen wird...
- Diese Wut kann....
- Ich Martina werde:
- Ich Susanne erkläre, dass.....
- Ich Igor entschließe, dass...
- Ich Elisabeth entscheide mich gesund zu sein....

Burnout-Prophylaxe für Heilberufe - Resilienzfindung

Ja, natürlich, das machen wir schon lange. Aber was genau bedeutet das? Die Hygiene beachten mit dem Handwaschgerät, einen Defibrillator aufhängen, den im Zweifel keiner sich zu bedienen traut, regelmäßige Pausen oder Nahrungsergänzungsmittel vorbeugend einnehmen? Zugegeben, es klingt nach Gesundheitsförderung und Vorbeugung, besonders das Merkblatt gegen Stress, welches gut sichtbar aushängt.

Im Jahre 1913 bereits entstand der Begriff Neurasthenie. Heute, so Prof. Lütz Gott sei Dank als Burnout Begriff genutzt. Ohne diese Definition käme sonst niemand, so Lütz. In Köln heißt es im Volksmund: Isch kann nit mi!"

Ist Burnout eine moderne Krankheit? Es gibt keine Gebührenziffer dafür und die Kassen rechnen ab mit Angst- und Anpassungsstörung oder Unfähigkeit das Leben zu meistern. Ist Burnout vielleicht eine gesund Reaktion auf ein krankes Umfeld?

Der Wandel

- 1900 gab es 10% chronische Krankheiten und 90% akute Erkrankungen
- 2000 gibt es 90% chronische und 10% akute Erkrankungen
- *(Dr. rer. nat. Fernandes, Apotheker, Heilpraktiker, Biochemiker)*

Rationalistische Medizin *(definiert sich über Krankheit)*

Kurieren durch strukturiertes Wissen, geringe Anzahl auch toxischer Heilmittel (z. B. Antibiotika) Medizinische Technik, Chirurgie, i. d. R. ohne Heilung chronischer Krankheiten, Symptombehandlung, geringer Zeitbedarf, Gewinnmaximierung, Abhängigkeit von Pharmaindustrie, ca. 20 Mill. Operationen p. A. Dogmatische Behandlungsverpflichtung von Krankheit, ohne das Individuum zu berücksichtigen. Gesundheitsmanagementaktionen: Impfen, Epidemien, Vorsorge, etc.

Empiristische Medizin *(über Befindlichkeit definiert)*
Heilung mit Körper, Geist und Seele – Beachtung von Phänomenen und Erfahrungen, Physis als Energieträger, Emotionale und psychische Verfassung sowie Träume und archetypische Symbolik sind zur Behandlung wichtig, reiche Materia Medica, jeder Fall ist individuell, kaum Einsatz toxischer Mittel, günstig bei emotionalen Problemen, z. B. PTBS, das Symptom gilt als autonomer Selbstheilungsversuch, hoher Weiterbildungsbedarf und zeitintensiv im Patientenkontakt *(Cicetti)*

Aus der Forschung zum Burn Out Typ:

- **Sie opfern eigene Emotionen für fremde Interessen**
- **Haben einen schlechten Selbstzugang *(Wahrnehmung)***
- **Leugnen die eigenen Bedürfnisse**
- **Mailen und simsen noch nach 22 Uhr**
- **Orientieren sich an fremden Werten**
- **Nehmen Dauererreichbarkeit als normal hin**
- **Tun sich schwer nein zu sagen**
- **Definieren Offenheit als Schwäche & Versagen**
- **Leugnen Motivationsverlust**
- **Arbeiten unter Druck trotz fehlender Anerkennung**

Eines wird deutlich, es geht um Energie, die heimliche Lebenskraft, die Vis Vitalis, das Prana, die Resilienz als früh erlernte Fähigkeit mit psychisch, physischen Belastungen selbst angemessen umzugehen. Wer das nicht durchhält oder gar nicht erst beginnt Pausen ausfallen zu lassen, der gerät in den Sog einer langsam fortschreitenden Überforderung. Es geht eigentlich darum einen Sinnverlust, eine Sinnentleerung zu vermeiden.

Experten definieren Burnout Merkmale:

Freudenberger
Empfindendes Stadium & Empfindungsloses Stadium in der Arbeitswelt
Lauderdale
Verwirrung – Frustration – Verzweiflung
Edelwich
Idealistische Begeisterung – Stillstand – Frustration – Apathie - Intervention
Maslach
Emotionale Erschöpfung – Dehumanisierung – Terminales Stadium - Leistungsabfall
Cherniss
Berufsstress – Stillstand – Defensive Bewältigung
Schulze, Stressforschungsinstitut Zürich

Verlust von Energie durch globalisierte Isolation, fehlende Verbindlichkeit und Achtung, Wertverlust, Überverantwortung, Dauererreichbarkeit, Anonymität, Beziehungsverarmung, Zeit- und Dumpingentlohnung…

Ebenen von Burnout Geschehen

Vegetative Erschöpfung - Idealistische Resignation – Selbstüberschätzung - Unfähigkeit zur Abgrenzung - Dauerhafte Selbstzweifel – Überforderung – falche Lebensziele

Wahrnehmungsebenen von Burnout

Leugnen eigener Bedürfnisse - Verlust positiver Gefühle - Kontaktvermeidung mit Freunden, die persönliche Veränderungen benennen - Erschöpfung – Unfallhäufigkeit - Negative Einstellungen - Abbau von Motivation – Ängste – Schuldzuweisung – Engegefühle –Launenhaftigkeit – Tinnitus – Frustration – Stillstand – Migräne - Verflachung emotionaler und sozialer Kontakte – Hautausschlag - Psychosomatische Reaktionen - Apathie – Aufgabe von Hobbys - Verzweiflung – Depression

Fragestellungen zum Burnout

1. **Was konkret wirkt belastend?**
2. **Welche Bedürfnisse werden vernachlässigt?**
3. **Welche Fähigkeiten sind unterentwickelt?**
4. **Haben Idealisierung und Engagement nachgelassen?**
5. **Gingen Leidenschaft und positive Gefühle verloren?**
6. **Welche Vorstellungen sind unrealistisch?**
7. **Macht der Beruf noch Freude?**
8. **Wie sieht das persönliche Umfeld aus?**
9. **Wie hat sich der eigene Lebensstil entwickelt?**
10. **Werden gesellschaftliche Interaktionen anstrengend?**
11. **Stellen sich manchmal Suizidgedanken ein?**
12. **Lässt das Konzentrationsvermögen merklich nach?**
13. **Gibt es länger anhaltende Müdigkeit und Erschöpfung?**
14. **Gibt es Kopf, Magen, Darm, Herz, Schlafstörungen und oder vermehrt wiederkehrende Infektionen?**

Voraussetzungen Psychohygiene

Belastbarkeit richtig analysieren

Persönlichkeitstyp genau wahrnehmen und würdigen

Neue Fertigkeiten erlernen

Persönliche Einstellung verändern

Coaching für sich selbst nutzen

Tagebuch zur Selbstreflexion konsequent führen

Konzentrationsübungen

Traumanalyse

Meditation

Maßnahmen contra Burnout
Ordnungstherapie: Schlaf - Bewegung - Ernährung – Entspannung - Entgiftung

Intermediäre Vernetzung unserer Körperzellen

Meditation, PMR Jacobsen, Sonnengruß, Autogenes Training, Fünf Tibeter, Kunst, Wandern, Singen, Tanzen, Tonskulptur, Neues Hobby, Therapie, Imagination, Feldenkrais, Yoga, Tai, Tchi, Malen, Musik, Selbsthypnose, Atemtechnik, Qi Gong - Achtsamkeit nach Kabbat Zinn - Selbstwahrnehmung, EFT Klopftechnik, Power Napping, Eurhythmie, Naturheilverfahren - Medikamentierung, Kur, REHA oder gar Verrentung. Zurzeit sind psychosomatische Erkrankungen mit bis zu einem Drittel an Frühverrentung beteiligt. (AOK, DAK, BFA)

So vielfältig wie die Burnoutsymptome (Bis zu 70) so unterschiedlich ist die individuelle Möglichkeit dagegen vorzugehen. Bis in die Kindheit reichen frühe Botschaften zurück, die sich später, oft ohne erkennbaren Zusammenhang auswirken können. Die psychologisch wirkenden Antreiber könnten folgendermaßen benannt werden:

Sie schnell, sei perfekt, streng dich an, sei stark, mach es mir recht, du musst der erste sein, sei besser als alle andern, erst die Arbeit dann das Spiel, usw.

Dahinter steckt die verborgene innere Botschaft. Ich schaff das alles nicht. Sie wird solange geleugnet, bis es zu spät ist, weil Versagen nicht erlaubt scheint.

In der Praxis bedeutet das, der Mitarbeiter wird seinem Chef nicht seine Schwäche (Krankheit) benennen. In der Medizinwelt schon erst recht nicht, befürchtet man doch zurecht, dass eine Vorgehendweise gemäß der Salutogenese, also einer an Schutzfunktion ausgerichteter Handlungsweise der üblichen Pathogenese (Orientierung ausschließlich an Risikofaktoren) zuwider läuft. Das wird am stellvertretenden Beispiel der systematisch und obligatorisch implementierten Vorsorgeuntersuchungen deutlich.

Zurzeit wachsen in Deutschland die Arbeitsplätze mit Bildschirmen auf über 50% an. Künstliche Augentropfen sind normal geworden. Mentale Erschöpfung und Sehunschärfen, sowie rasant steigende Verschreibung von Lese- und oder Bildschirmbrillen werden von Krankenkassen gemeldet. Besonders durch papierlose Verwaltung und Arbeit vor Doppelbildschirmen. Vorbeugende Übungen zur Sauerstoffversorgung, Muskelentspannung, Sehschärfe, Leseerleichterung, schwarz weis und Farbsehen, vegetativer Entspannung, Konzentrationssteigerung unterbleiben mit dem Argument:

„Wir haben die jährliche Vorsorgeuntersuchung durch Betriebs- und oder Augenarzt.“ Allerdings ist es dann zu spät, weil dabei bereits ein Befund erhoben werden kann. Vorsorge wird so falsch verstanden.

Was also tun?

Gemessen daran, dass nur ca. 14% aller Deutschen Unternehmen regelmäßig und professionell Betriebliches Gesundheitsmanagement durchführen, bleibt eine hohe Selbstverantwortung die zeitgemäße Antwort auf das Gesundheitsgeschehen. Kleine und mittlere Unternehmen, auch kleine Praxisteam meiden die Maßnahmen, weil sie die Größenordnung des Budgets nicht abschätzen können.

Die nüchternen Zahlen, etwa das der Firmennutzen bei Investitionen von „1“ € bis zu 8 € betragen kann, bleibt wirkungslos. Gesundheit wird nicht bemerkt, weil sie zunächst schmerzlos ist. Dr. med. Hirschhausen sagt: „Gesundheit ist dass Schweigen der Organe.“

Für Heilberufler, Menschen die mit anderen Menschen naturgemäß täglich in emotionaler Begegnung stehen, gelten besondere psychohygienische Bedingungen. Etwa das Erkennen welcher Patient raubt mir die Energie? Welcher Patient ist ein „Dauerbrenner“ in Sachen unbewusster emotionaler Ausbeutung.

Steve de Shazar hat Typen der Begegnung definiert, die nur als Besucher kommen, nicht weil sie wirklich Hilfe suchen. In der Transaktionsanalyse kennt man das als „Drama Dreieck“ bezeichnete Beziehungsmuster, das die Ausbeutung durch Ersatzgefühle sehr gut beschreibt. Das zu gehören drei Mitspieler. (unbewusst)

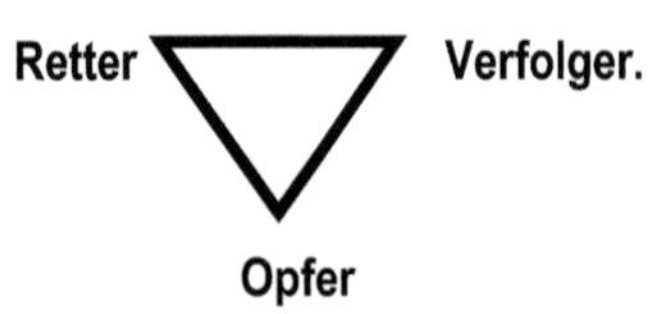

Beispiel: Ein Mann kommt zum Heilpraktiker.
„Wie kann ich ihnen helfen?“ (Deutet auf Retterposition)
Patient: „Meine Frau hat mich geschickt“ (Deutet auf Opfer Position hin).
Ehefrau „Du musst unbedingt was für Dich tun schau mal wie dick du geworden bist (Deutet auf Verfolgerposition der Ehefrau)

Aus diesem Drama kommt man nur sehr schlecht heraus. Behandelnde können eben nicht die Ehefrau beschuldigen, ihren Mann als unmündiges Kind zu behandeln. Können auch nicht den Mann als Schlappschwanz definieren und schließlich sich selbst nicht zum alles beherrschenden Wunderheiler erklären. Ärzte und Heilpraktiker können ohnehin nur kurieren. Heilung unterliegt höheren, intuitiven, mythischen, magischen, geistigen und religiösen Gesetzen. Deutlich am Beispiel des Chirurgen nach schwerem Eingriff, wenn er den Verwandten aufrichtig mitteilt:„Wir haben alles getan, jetzt müssen wir warten ob der Patient über den Berg kommt."

Möglicherweise zeigt sich eine Schutzhaltung der Ärzte, wie in der wissenschaftlichen Untersuchung des dänischen Arztes Burkard Larsson herausgefunden wurde, dass ca. 80% der Mediziner bereits innerhalb von 90 Sekunden den Patienten im Gespräch unterbrechen, eine unbewusste Schutzfunktion, nicht in dieses Dreieck zu geraten. An unserem Beispiel könnte eine andere Einleitung schon für einen neutralen Gesprächseinstieg hilfreich sein. Statt auf die eigene Macht anzusprechen, *wie kann **ich** ihnen helfen,* eher offen zu agieren: „Was ist ihnen passiert, oder was führt sie zu mir?" So könnten emotionale Verstrickungen vermeiden werden. Nachfolgende Fragen ermöglichen eine Selbsteinschätzung. Viel Freude beim ehrlichen ausfüllen.

In Bern arbeitet die neue Praxis (Cirles of Health) nach dem "Motto Body - Mind – Balance".

Ein Fragebogen zum Verhalten im Drama Dreieck kann angefordert werden: Tel: 02621 62186

Literaturhinweise

Titel	Autoren	Verlage
Miteinander reden	Schulz von Thun	rororo 7489
Managerkonferenz	Thomas Gordon	rororo 7671
Werde der du werden kannst	Rüdiger Rogoll	Herder 776
Die Kunst der Wahrnehmung	J.O Stevens	Chr. Kaiser
Übungen zur Transaktionsanalyse	Rolf Rüttinger	Windmühle
Konflikte konstruktiv lösen	Herbert.S.Kindler	Überreuter
Materialien für Gruppenleiter	Klaus W. Vopel	Klett Cotta
Teamfibel	Dr. Klaus Lumma	Windmühle
Von der Familie z. Gruppe z.Team	Rosenkranz	Junfermann
Gesund durch die Kraft der Vorstellung	Gerald Eppstein	Kösel
Gemeinsam statt einsam	Elmar Osswald	Brunner
Emotionale Intelligenz	Daniel Golemann	Carl Hanser
Gelebte Geschichte der Psychotherapie	Ruth Cohn	Klett Cotta
Vom Wunsch zur Wirklichkeit	Nahler / Schmidt	Junfermann
Mediation	Kurt Faller	Verlag a. d. Ruhr
Des Lehrers Wundertüte	Lynda Lloyd	VAK Verlag
Lösungen in der Schule	Peter Herrmann / Hubrich	Carl – Auer
Bildunterstütztes Coaching	D. Loboda	Dr. Köster
Moderation und Coaching für Schulleitung Erwachsenenbildung	D. Loboda	Verl. f. Wiss. Veröfftl.
Paracelsus Coaching – Pflanze & Mensch	D. Loboda	Selbstverlag
Traumbotschaften für Beruf & Gesundheit	D. Loboda	Trainer Verlag
Tipps und Tricks zur Rauchentwöhnung	D. Loboda	Books on Demand
Kompass zur Steh Auf Mentalität	D. Loboda	Trainer Verlag
Was Träume sagen, wenn wir sie fragen	**D. Loboda**	**Selbstverlag**

MIX
Papier aus verantwortungsvollen Quellen
Paper from responsible sources
FSC® C105338

Printed by Books on Demand GmbH, Norderstedt / Germany